培养孩子
从做家务开始

杨霞 / 著

朝華出版社
BLOSSOM PRESS

图书在版编目（CIP）数据

培养孩子从做家务开始 / 杨霞著. —北京：朝华
出版社，2018.11
ISBN 978-7-5054-4278-8

Ⅰ.①培… Ⅱ.①杨… Ⅲ.①家庭教育 Ⅳ.①G78

中国版本图书馆CIP数据核字（2018）第138293号

培养孩子从做家务开始

作　　者　杨　霞

选题策划　王　剑
责任编辑　赵　倩
特约编辑　孙　开
责任印制　张文东　陆竞赢
封面设计　昇一设计

出版发行　朝华出版社
社　　址　北京市西城区百万庄大街24号　　　　　　邮政编码　100037
订购电话　（010）68996618　68996050
传　　真　（010）88415258（发行部）
联系版权　j-yn@163.com
网　　址　http://zhcb.cipg.org.cn
印　　刷　三河市三佳印刷装订有限公司
经　　销　全国新华书店
开　　本　710mm×1000mm　1/16　　　　　　　字　　数　180千字
印　　张　14.25
版　　次　2018年11月第1版　2018年11月第1次印刷
装　　别　平
书　　号　ISBN 978-7-5054-4278-8
定　　价　35.00元

前言

父母朋友们：

　　不论是出于需求还是猎奇，当打开这本书时你就有机会为自己的教子方式增添一种新的可能。也许你的孩子还没有达到做家务的年龄，也许你还没有培养孩子做家务的意识……但在这里我们要告诉你：爱做家务的孩子长大后会更有出息。

　　哈佛大学的研究人员曾对400余名青少年进行了长达20年的跟踪调查研究，得出一个惊人的结论：爱干家务的孩子和不爱干家务的孩子，成年之后的就业率为15∶1，犯罪率为1∶10。爱干家务的孩子，离婚率低，心理疾病患病率也低。另有专家指出，在孩子的成长过程中，家务劳动与孩子的动作技能、认知能力的发展以及责任感的培养有着密不可分的关系。

　　也许你会觉得孩子离"长大"还有很久，很远。那我们就来看一些"眼前"的成果：

1. 做家务会让孩子的心情更愉快

　　相信细心的父母都会发现，孩子在很小的时候就已经开始对大人手中的扫帚、拖把、抹布等生活用品产生浓厚的兴趣了。这是因为随着孩子的成

长，他需要与外部世界建立联系，而日常生活用品恰恰是建立联系的好渠道，所以在做家务的过程中孩子往往会感觉更快乐。

2. 做家务可以让孩子写字更漂亮

医学家和教育学家分析，从小缺少劳动的孩子，肌肉和韧带发育不良，双手的握力和协调性都很差，写字时极易形成错误的握笔姿势，进而导致字体凌乱。做家务是锻炼手脑协调性的过程，可以大大提高手指的灵活性，从而使孩子有机会把字写得更加漂亮。

3. 做家务会让孩子的成绩更优秀

父母最关心的问题大概是孩子的学习成绩了，心理学家研究发现，当人从事体力劳动和体育锻炼时，脑子里的氧气最充足，从而使大脑处于放松状态。学习一段时间、劳动一段时间，可以让孩子的大脑有一个缓冲的机会，提高学习效率，从而更容易取得好成绩。

为什么一定要让孩子做家务呢？上述的好处是一部分原因，但父母爱孩子的目的并不仅限于此。台湾作家龙应台的《目送》中有这样一段话："我慢慢地、慢慢地了解到，所谓父女母子一场，只不过意味着，你和他的缘分就是今生今世不断地在目送他的背影渐行渐远。你站立在小路的这一端，看着他逐渐消失在小路转弯的地方，而且，他用背影默默告诉你：不必追！"

终有一天，孩子会挣脱父母的怀抱独立成长，所以爱孩子更像一场未雨绸缪的修行，父母所应做的是培养孩子的自理能力，从而帮助他更好地独立成长。自理能力不仅是能处理吃喝拉撒等生活琐事，还包括独立思考、处理人际关系、承受压力、调整心态等诸多方面。所以，教孩子做家务也不仅是让他学会洗衣、做饭这么简单，而是帮助他完成从身体到心灵的一系列转换。

做家务有如此重要的意义，但孩子的表现却不容乐观：

一项"孩子每日参与家务劳动时间"的调查显示：美国孩子平均每日参

与家务劳动的时间为 1.2 小时；泰国为 1.1 小时；韩国为 0.7 小时……而我国孩子仅为 0.2 小时，相当于每天只做 12 分钟的家务劳动，而这也仅是平均值，连 1 分钟家务都不做的孩子也大有人在。

我们编写本书的目的，就是希望能够唤醒中国父母对孩子做家务的重视，早日将孩子带到劳动中来。本书共分为 9 章，从做家务的好处到具体某一项家务的做法，从如何激发孩子的兴趣到如何避免走入沟通的误区，从我国孩子做家务的现状到世界各国关于做家务的看法……内容涉及方方面面，讲述形式也很丰富，有故事、有方法、有心得体会。本书既是一本指导孩子做家务的工具书，也是一本促进亲子沟通的情感书。希望我们的努力能够对你有所帮助，期待和你一同见证孩子的成长。

目录

第一章
哈佛大学惊人的研究发现

　　"什么是做家务？"在被问到这个问题时，多数父母给出的答案无外乎"做家务还能是什么，不就是干活儿吗！"其实，这是一种很片面的理解，做家务不仅是干活儿，做家务的好处也不仅是获得劳动技能这么简单。一项来自哈佛大学的研究表明：与不做家务的孩子相比，爱做家务的孩子长大后在工作、婚姻、收入等方面都更胜一筹。

第二章

成功的家教可以从孩子做家务开始

　　"你还小，不用做""长大了自然就会了"，父母总是出于本能地给孩子最直接的保护，然而养育孩子是一项技术活，除了需要拳拳深情之外还要依靠理性和智慧。其实，孩子远没有父母想象的那样"晚熟"，从1岁半开始他们就有了做家务的敏感性，而且这种敏感性被发现得越早、开发得越充分，孩子的成长之路就会越顺利。

第三章

爱做饭的孩子，走到哪里都能活下去

　　在传统的观念里，父母承担了主要的厨房劳动，孩子是没有必要进厨房的。然而时代在变，如今很多国家都已经把育儿"阵地"转向厨房，"厨房育儿"俨然是当下最时髦的育儿方式之一。日本就非常注重厨房教育，带孩子走进厨房，认识食材、了解烹饪方法、建立健康的饮食品位……在日复一日的柴米油盐中，享受甜蜜的亲子互动，感受浓浓的人间烟火味儿。

第四章
在家务中，如何培养孩子的各项能力

俗语说"心灵手巧"，究其本质应该是手巧才心灵。做家务可以全面地提升孩子的技能：手指更加灵活、头脑更加聪明、解决问题的能力更强、抗挫折的能力也会稳步提升……做家务是一个培养孩子"超能力"的好途径。在家务中，孩子会"无意识"地积累许多生活经验，从而更好地应对成长过程中所遇到的各种难题。

第五章
在家务中，如何培养孩子的情商

陶行知先生曾说："劳动教育的目的，在谋手脑相长，以增进自立之能力，获得事物之真知，及了解劳动者之甘苦。"做家务除了锻炼生活技能之外，还有强化孩子心灵体验的功效。父母总抱怨现在的孩子不懂得关心和体谅长辈，人际关系似乎也并不十分理想，那不妨带孩子一起做家务吧，都说"习劳知感恩"，劳动做到位，感恩就是水到渠成的事情了。

第六章
如何引导孩子爱上做家务

让孩子做一次家务很简单，但要让他养成积极主动的好习惯却并不容易。孩子做家务的热情就像一棵小树苗，而好习惯就如同一棵大树，想要把小树苗培养成大树就需要合理的"浇水"和"施肥"。这时父母就需要尝试着做一个"园丁"，抓住孩子做家务的敏感期，采用合理的方法，掌握有效的沟通方式，渐渐地把孩子的热情培养成习惯。

第七章
各个年龄段应做家务表

教孩子做家务是一个循序渐进的过程，父母既不能揠苗助长，也不能放任自流。如果在孩子3岁的时候就教他如何打扫卫生间，那他肯定会无所适从；如果在孩子10岁的时候才教他如何收拾碗筷，那显然是在轻视他的劳动能力。要让孩子在合适的年龄做合适的事，这样他才能保持对周围世界的热爱和好奇心，主动地探索新事物。

第八章
教孩子做家务需要注意哪些事项

> 家长在教孩子做家务过程中难免不得章法，出现这样或那样的失误：强迫孩子、惩罚孩子、过多地帮忙和干预……这样不但不会提供帮助，甚至还可能引起孩子的逆反心理。苏联教育家苏霍姆林斯基曾说："要教育好孩子，就要不断提高教育技巧；要提高教育技巧，就需要家长付出个人的努力，不断地进修自己。"所以，在教孩子做家务之前，家长要明确一些注意事项，修炼自己，从而更好地教育孩子。

第九章
世界各国对孩子做家务的看法

在美国，无论家境如何，父母几乎都鼓励孩子通过做家务的形式赚取零用钱；在加拿大，很多父母会把家务列成图表，张贴在家中醒目的位置，并监督孩子的家务进展情况……参考他人的经验，取长补短，父母的育儿视野才能越来越宽。

第一章

哈佛大学惊人的
研究发现

"什么是做家务？"在被问到这个问题时，多数父母给出的答案无外乎"做家务还能是什么，不就是干活儿吗！"其实，这是一种很片面的理解，做家务不仅是干活儿，做家务的好处也不仅是获得劳动技能这么简单。一项来自哈佛大学的研究表明：与不做家务的孩子相比，爱做家务的孩子长大后在工作、婚姻、收入等方面都更胜一筹。

哈佛大学惊人发现一：爱做家务的孩子长大后就业率更高

哈佛大学的研究人员通过对 400 余名青少年进行长达 20 年的跟踪调查，有了一个惊人发现：爱做家务的孩子与不爱做家务的孩子，成年之后的就业率之比为 15：1，收入之比为 6:5。

关于养育孩子，世界上似乎没有哪个国家的父母比中国的父母更加勤奋和无私。从战国时的"孟母三迁"，到南宋时的"岳母刺字"，再到如今的"砸锅卖铁也要让孩子接受最好的教育"，几千年来，"有出息"一直是中国父母对孩子最殷切的期盼。愿景虽然美好，但如何把孩子培养得"有出息"却着实难倒了父母。哈佛大学的研究结论明确指出：爱做家务的孩子长大后会更有出息，就业率更高。

为什么爱做家务的孩子长大后更有出息，就业率会更高？研究人员给出了这样的解释：从小参与家务劳动的孩子更有责任感，当他们看到周围环境比较脏乱时会在心里给自己一种暗示："脏乱的环境需要有人收拾，而我可以是那个人。"这种在家务中培养起来的习惯会逐渐内化为一种精神力量，让孩子在日后的工作中有一种"我愿意为集体变得更好而付出努力"的信念，从而更容易获得领导者的青睐，也更容易在工作中取得成就，这样自然能获得更高的就业率。

另外，实践经验表明：家务劳动与孩子的动作技能、认知能力、学习能力、成就、抱负等方方面面都有着密不可分的关系。很多国家因此都非常重视孩子的劳动教育：在日本，1/3 的孩子每天做家务，家长更是将厨房育儿看作培养孩子独立意识的重要手段；在美国，无论家境如何，父母几乎都鼓励孩子通过做家务的形式赚取零用钱……

美国著名教育专家罗伯特博士曾提出"现代孩子教育的十大目标"：

1. 教孩子做力所能及的家务，让他在独立中成长，从而感受到自己是独立的个体。

2. 让孩子学会将情感表达给家庭内外的同龄伙伴和成人，尝试着与他人分享情感。

3. 让孩子学会与他人相处、交往、合作，学会关心他人、关心集体。

4. 培养孩子的自我控制能力，让他学会依靠自己的力量做出正确的判断。

5. 不带有性别偏见，消除因成人对性别的明显区分而产生的错误做法。

6. 鼓励孩子参与体育锻炼，学习运动技能，同时强健体魄。

7. 帮助孩子正确地认识身体结构，从而更好地照顾和保护自己的身体。

8. 带孩子走进自然，激发他的好奇心，培养他搜集信息、解决问题的能力。

9. 让孩子不断学习新词汇，提高他的语言表达能力和交际能力。

10. 增强孩子对国家、对世界的感知，培养他成为国家主人的热望。

通过这十个目标可以看出，罗伯特将教孩子做家务放在了首要位置。罗伯特博士认为：做家务会让孩子更独立，而独立是做任何事的基础。从小就能妥善料理生活的孩子走向社会时的生存能力、适应能力都会更强，从而在工作中表现得更出色。

哈佛大学惊人发现二：爱做家务的孩子长大后婚姻更幸福

　　哈佛大学的研究人员通过对400余名青少年进行长达20年的跟踪调查，得出的另一个惊人结论是：爱干家务的孩子，婚姻更幸福，离婚率低，心理疾病患病率也低。

　　作家三毛曾说过："爱情，如果不落实到穿衣、吃饭、数钱、睡觉这些实实在在的生活里去，是不容易天长地久的。"很多人在青春懵懂的年纪初读这句话时都会觉得，沾染了柴米油盐的爱情实在是太不浪漫了。直到开始经营婚姻，才慢慢地体悟到其中的真谛。

　　相爱容易相处难，婚姻离不开柴米油盐，少不了磕磕绊绊。所以，婚姻中的双方自然也会有悲欢离合。幸福的婚姻大致相同，不幸的婚姻各有各的不幸。有人说，家务已经成为现代婚姻的"第一杀手"。我们来看一个现实中的例子：

　　大华和小美是一对80后的小夫妻，两人青梅竹马，在工作稳定之后就在家人的撮合下走进了婚姻的殿堂。照理说，这种两小无猜的关系上建立的婚姻会更加幸福和稳固，可谁知，结婚还不到半年，小两口就整天争吵不休，甚至一怒之下闹到了民政局。原来，婚前的两个人都是家里的"心肝宝贝"，小时候都是被父母宠爱，娇生惯养，自始至终过着饭来张口、衣来伸手的生活。在这样的家庭环境中长大的两个年轻人，成家立业后自然也都不愿意为柴米油盐操劳。大华认为：妻子工作轻松，再加上"男主外、女主内"的传统，小美理应承担大部分的家务劳动。但小美却说："男人照顾老婆、孩子是天经地义的事，没有责任心的男人才会让老婆受苦。"由于两人各执己见，所以家中的问题总是源源不断，甚至有过因为没谈拢"今晚谁做饭"的问题，两个人竟然靠喝水充饥的情况。最终，民政局的工作人员考虑到两人刚刚结婚不久，还在磨合阶段，对二人进行了耐心的调解，这才平息了一场离婚闹剧。

走入婚姻围城的人都会有这样的感受：很多时候，消耗爱情的并不是什么大事，反倒是些鸡毛蒜皮的小事。英国人曾对夫妻离婚的原因做过一项调查，结果发现：引发夫妻之间争吵的主要原因是家务琐事；夫妻共同承担家务劳动比一方单独承担家务劳动的家庭离婚风险低 97%。可见，爱做家务的夫妻在婚姻生活中更容易获得幸福感，从而能有效地维护婚姻的稳定。

随着女性受教育程度的提高，越来越多的女性希望在工作中有所成就，不希望自己被家务所束缚，因而在做家务方面对另一半颇有怨言：

"在家里，买什么、吃什么、做什么，基本上都是我一个人的事。一边工作一边又要照顾家庭，压力真的是很大。特别是再遇到一个'甩手掌柜'似的老公，那日子简直没法过。"

"带孩子、做家务全都是我一个人的事，现在有一种说法叫'丧偶式婚姻'，简直就是我生活的真实写照。有时候真想离掉算了，但又心疼孩子，所以只能一个人默默忍受。"

有相同困扰的不只有女性，很多男性也表达了对妻子不做家务的不满：

"一个女人，连起码的家务也不会做。收拾房间请专门的保洁来做，吃饭点外卖，棉衣送到干洗店，这些都还可以忍受，但是连洗袜子这种事都要别人代劳就真的很过分了。"

"我老婆从小娇生惯养，没做过什么家务，结婚后我自然就承担了大部分家务。洗衣、做饭、带孩子，能做的我都会尽力去做。但人总有疲倦的时

候，特别是工作了一天之后，谁都想吃顿现成饭、休息一下、放松一下，可是我总没有这样的机会。"

作为一个社会人，每天都要与同事、与周围环境中的陌生人打交道，这其中免不了会产生摩擦和矛盾，影响人的心情。如果回到家之后，这种不良情绪得不到释放，反倒又增添新的烦恼，那结果可想而知。什么是爱，爱也许并不需要轰轰烈烈，但一定要彼此体贴。很多时候，直抵人心的也许并不是言语上的"我爱你"，而是行动中的"我陪你"。

有记者了解到这样一则爱情故事：

有一对小夫妻，妻子身体不好，所以丈夫一日三餐总抢着洗碗。一天午饭后，妻子说："今天天气热，你先午睡，等睡醒了之后再洗碗。"丈夫当真睡下了，可他睡醒后到厨房一看，碗早就被妻子洗完了。原来妻子是怕丈夫辛苦，所以故意使了这样一个"调虎离山"的计策，好趁机给丈夫分忧。可从那以后，丈夫再也没有给过妻子机会，无论妻子怎么说，丈夫都坚持先把碗洗完后再去忙别的事。尽管如此，妻子依旧不厌其烦地找机会为丈夫分担家务……这就是爱，彼此体贴，相互依偎。

随后，记者又进行了深入采访和调查，而调查采访的对象正是这对小夫妻各自的父母。他们的父母都表示，两个孩子小时候独立性都很强，经常在家里帮父母做家务活儿，这或许是他们现在拥有幸福婚姻的原因之一吧。

孩子终究有长大的一天，也会像父母一样寻找爱情、组建家庭，他一定渴望拥有一段王子和公主般浪漫唯美的童话生活。但要知道，爱情是两个人面对面，彼此就是对方的世界；但婚姻是两个人手牵手，共同面对真实的世界。只有学会将浪漫转化为呵护，将电光石火转化为细水长流，在日复一日的柴米油盐中建立互信、互助、互谅的亲密关系，才能使爱情经受住时间的考验，永葆一颗对婚姻的初心。

如何培养孩子这种积极的爱情观和婚姻观呢？最现实的方法之一，就是从培养他们做家务开始，通过生活的点滴感染和影响他们。

对家长的过分依赖是亲子纠纷的重要来源

社会心理学家调查发现：亲子之间的纠纷很大一部分来源于孩子对家长的过分依赖。从小对家长过分依赖的孩子，长大后自理能力都比较差，遇到问题习惯于找家长解决。然而，随着孩子的需求和家长的能力之间的差距不断增大，双方的矛盾就会不断增多，甚至演化为各种纠纷和冲突。

在众多矛盾中，"啃老"问题尤为突出，让我们一起看一下环卫工人老郑的烦恼：

环卫工人老郑今年55岁，老伴早逝，他一个人靠着清扫街道的收入含辛茹苦地将儿子建华拉扯大。老郑本以为儿子大学毕业之后自己可以享几年清福，可谁知最近儿子又来找他要钱。原来，儿子建华和女朋友谈了两年多，两人打算买房结婚，可小两口的工资收入并不多，除了日常开销之外几乎没有盈余，迫于"无奈"这才向老郑开口。老郑虽然不情愿，但面对儿子"不买房就不能结婚"的"威胁"也实在没办法，只能将每月工资的90%（约为1900元）交给儿子还房贷，自己就靠着剩下的一百多块钱艰难地维持生活。

和老郑面临类似问题的父母一定不在少数，根据中国老龄科研中心调查，中国有65%以上的家庭存在"老养小"现象，30%左右的青年几乎完全

依赖父母的供养。"啃老"已经从家庭问题逐渐演化为社会问题。由于"啃老族"的增多，这种不良风气愈演愈烈，有些人甚至变成了家庭和社会的负担，勤劳的风尚化为乌有，赡养父母的义务也没有落实。那么"啃老"的到底是一群什么样的人呢？

据调查，构成"啃老族"主力军的主要有以下六类人群：

第一类：由于过分挑剔而找不到工作的高校毕业生。

第二类：以工作太累、不适应等为由，频繁跳槽最后无事可做的人。

第三类：有强烈的创业愿望，但没有目标、缺乏真才实学，而又不愿"寄人篱下"的创业幻想型青年。

第四类：习惯用过去轻松的工作与如今紧张的工作相对比的单位下岗青年。

第五类：文化水平低、技能差，但又不愿意从事比较辛苦的体力劳动的人。

第六类：迫于生活压力，个人的力量不足而无奈"啃老"的人。

可以看出，构成"啃老族"主力军的大都是文化水平比较低而动手能力又比较差，热衷享乐而又不愿意付出劳动，目标高远而眼下能力又严重不足的人。那么，这些人为什么能忍心"啃老"下去？为什么不愿意和父母"断奶"呢？我们来听一听他们的心声：

22 岁的应届毕业生张彬说："校招上的大多数工作都累得要命，而且只给几千块的薪水。想让父母通过关系给我找一个轻松的工作，他们还找不到，那我只能在家里待着了。"

26 岁的待业青年许伟说："我刚毕业那两年也工作过，但总是不如意，频繁地换了几次工作之后也没有找到合适的，想创业但又没有钱，也就不愿意主动再找了。"

28 岁的新手"奶爸"小石说："其实我无心劳烦父母，但职场上有太多不尽如人意的地方，再加上如今高昂的房价，孩子买奶粉、尿布，还有各种教育经费的开销，仅靠我们夫妻俩实在无力负担。向父母寻求物质上的支持也是迫于无奈的选择。"

关于"啃老"的主要原因一直存在两种矛盾的观点：一方认为是社会造成的"啃老"，由于竞争激烈导致工作不好找；或者即便找到了工作但囿于收入等原因，在生活上也不能完全独立。另一方认为是家庭造成的"啃老"，在传统思想的影响下，中国父母觉得为了孩子所做的一切都是理所应当的，所以心甘情愿地用自己大半生的积蓄来供养孩子。

不论哪一种原因所占的比重更大，家庭都有不可推卸的责任。教育学家曾探访过许多"啃老族"的家庭，绝大多数的家庭都经历过"大包大揽"到"大吵大闹"的恶性循环，提起不成器的孩子，父母往往叫苦不迭，对自己"大包大揽"的行为悔不当初。如果说儿时的"依赖"还有些许的温情，那如今的"啃老"就只剩心寒了。

古人说"习劳知感恩"，孩子只有亲身参与到家务劳动中才能够慢慢地体会到父母操持家务的辛劳，才会懂得感恩，学会主动承担家庭的责任，并将这种责任内化为一种精神力量。一个从小懂得为父母分忧的孩子，长大后也会成为一个对家庭负责的人。

做家务不仅仅是"干活儿"，更是一种学习和体验

在被问到"什么是做家务"这个问题时，多数人给出的答案无外乎"做家务还能是什么，不就是干活儿吗"。的确，传统意义上我们习惯把与吃喝

拉撒等相关的做饭、洗衣、打扫卫生等"体力活儿"看作是家务，从这个角度来说做家务自然就是"干活儿"。但是，这样的看法仅仅只看到了一个人最基本的生理需求层面。作为一个完整的社会人，我们对生活的要求还远不止于此。

根据马斯洛的需求层次理论，一个人在满足了生理需求之后，还会追求更高层次的安全需求、社交需求、尊重需求以及自我实现的需求，这些需求组成了一个完整的人。一个人的生活需求变得丰富之后，家务也自然地由吃喝拉撒等相关的内容扩展到学习知识、人际交往、经营家庭以及处理矛盾等生活的方方面面，家务渐渐变得琐碎繁杂、变化多样。

生活是一个冗杂的课堂，教孩子做好一件事很容易，但教会他做好所有的事却几乎不可能。那么怎么办？"授之以鱼不如授之以渔"，既然很难插手孩子家庭之外的生活，那何不从家庭之内的事情开始，教他做些力所能及的家务，让他在其中学习、体验，然后触类旁通，掌握解决问题的方法？这样，他在离开家的时候才不会产生"断奶"的阵痛感，不会畏首畏尾，而是能够独立地决策、大胆地行动。

1. 通过做家务学会协调和安排自己的生活

通过做家务，孩子会渐渐明白生活是由很多琐碎、繁杂、不能逃避的事情组成的。生活不单要算得清吃穿用度的开销，还要学会如何赚钱和理财；生活不单是家庭成员之间的情感交流，还有家庭之外的人际交往；生活不单是学习、读书，还有很多的课余生活要参与。凡此种种，都需要合理地安排和协调才能保证生活顺利进行。

康菡是一名高二的学生，小小年纪的她已经去过20多个国家了，一般寒暑假同学们忙着补课或者宅在家看剧的时候，康菡几乎都会选择跟着游学队伍去看世界。除了护照上的履历丰富之外，康菡还精通英语和韩语，钢琴虽然没有考过级，但在校庆晚会的选拔中脱颖而出，得到了独奏的机会。

很多人都会问她:"你整天忙着周游世界,学习怎么办?"康菡回答道:"其实我平时的学习任务很重的,虽然假期没有去过补习班,但每天晚上我都会在家做四五个小时的练习。我很享受这种忙碌的感觉,每个月我都会为自己规划一份详细的日程表,把要做的事情落实到每一天甚至每一个小时,然后一件一件完成。这种感觉就像整理房间一样,把要整理的东西、整理的方法、整理的顺序在脑子里打个草稿,做到心中有数,然后按部就班地做完,当整个房间焕然一新的时候,那种成就感是无法形容的。"

2. 通过做家务体验来自生活之中的智慧

体验这件事到底有多重要,阿里巴巴集团主要创始人马云曾说:"知识是可以学来的,但是智慧是一种体验。"对于孩子来说,课堂上听过许多次的知识所留下的印象也不一定赶得上一次亲身体验来得更加真切、深刻。

一个周末,读初二的王超来到农村老家看望爷爷奶奶。许久没有回过农村,习惯了城市生活的王超对周围的一切都很好奇。看着爷爷挑着水桶去菜园里浇水,王超立刻跑过去对爷爷说:"让我来吧,爷爷。"说罢就开始向水桶里装水,装好后提起扁担猛然一用力,只听"咕咚"一声,水桶掉了下来,水溅得满身都是。看着王超这副狼狈相,爷爷觉得又好气又好笑,对他说:"你瞧这两桶水,一桶多、一桶少,挑起来后扁担受力不均匀,不能保持平衡,自然就会有水桶掉下来。"王超听后恍然大悟:"对啊,爷爷,我们物理课上讲过力学了,我当时还不理解,觉得这些都是应付考试用的。现在看来,这种知识在生活中真的有用啊。"

美国组织行为学教授大卫·库伯经过多年的研究总结出这样的观点:有效的学习应从体验开始,进而发表看法、进行反思、形成理论,最后将理论应用于实践。做家务正是一个很好的体验过程,在这其中孩子经历动手、总

结再应用的学习模式，更容易发散思维、体验到来自生活之中的智慧。

中国孩子做家务现状——父母和孩子的真实想法

做家务关系孩子长大成人后的幸福，那我国孩子做家务的现状又是怎样的呢？

一项关于"孩子每日参与家务劳动时间"的调查显示：美国孩子平均每日参与家务劳动的时间为 1.2 小时；泰国紧随其后，为 1.1 小时；韩国为 0.7 小时；法国为 0.6 小时……而我国孩子的劳动时间仅为 0.2 小时，相当于每天只做 12 分钟的家务劳动，而这也仅仅是平均值，许多大城市生活的孩子甚至连 1 分钟的家务活儿也不会做。

除了做家务时间有限之外，孩子做家务的能力也不容乐观。在一次针对中小学生家长的抽样调查中，当被问到"孩子做家务做得怎么样"这个问题时，仅有 10% 的家长表示"比较好"，35% 的家长表示"一般，还行"，而其余过半数的家长则表示"做得较差，缺乏自理能力"。那么，造成这种现状的原因究竟是什么？是家长教的有问题还是孩子学的有问题？下面我们就围绕着做家务的话题来看看双方给出的回答。

问家长："您为什么没有教孩子做家务呢？"

1."当然是因为心疼了，哪舍得让他干活儿！"

出于疼爱而不舍得让孩子做家务是大多数家庭给出的理由，尤其是有老年人共同参与抚养孩子的家庭，这样的家庭中两代人共同照顾孩子，往往比较娇惯和宠溺。虽说为人父母尽心尽力地为孩子着想是人之常情，但家长有没有想过这种"为他好"的想法对孩子来说是否真的好。孩子是一个独立的个体，他自己会思考、会表达，知道什么是"为我好"，即使是年纪比较小的孩子也能够通过情绪、肢体动作等来表达自己的好恶。所以，爱孩子没有错，但要顺应孩子的需求来爱，家长在为孩子做决定之前一定要先和他做好沟通，俯下身来听一下他的想法，这些想法即使看似幼稚、荒唐，也是孩子心底的一种真实诉求。

2."孩子学业压力这么大，做家务耽误了学习怎么办？"

一提到让孩子做家务，丁小磊妈妈就左右为难：一方面是孩子亟待提高自理能力，但另一方面孩子本身又有做不完的功课。上学的日子，丁小磊每天早上 6 点就要起床，晚上 11 点才能写完作业，就连周末也被各种课外班占满，补习语文写作、英语阅读……几乎没有课余时间。

现在的孩子学业似乎都比较繁忙，即使周末、寒暑假的时候也有忙不完的补习班、才艺班要上。但是，功课繁忙就能成为不做家务的理由吗？要知道繁忙不是学生时代的专利，每个人在不同时期都要应付不同的繁忙，所以家长不能给孩子灌输一种"生活要向学业缴械投降"的意识，而是要教会他合理地统筹和协调生活和学业。再忙碌的孩子每天也能抽出 15 分钟的空闲，家长可以交给他一项 15 分钟就能完成的家务，洗碗、扫地、倒垃圾等，让孩子自己去安排时间，劳逸结合。

3."她哪里是在帮忙，分明是添乱。还不如自己做来得痛快。"

小婧特别喜欢帮妈妈洗碗，每天晚饭后都会煞有介事地系上小围裙在水

池边"洗刷刷"。但妈妈却很不喜欢这样"勤劳"的女儿，原来，小婧在洗碗时总是把水龙头开得很大，水花四处飞溅，弄得灶台上、地板上到处都是水。妈妈虽然不用洗碗了，但却不得不把整个厨房重新打扫一遍，反倒比自己动手洗碗还要麻烦。

小婧这样的孩子并不少见，他们对做家务有着高涨的热情，很享受这种"助人"的快感，但由于年纪小、能力弱，他们往往不能把事情做得尽善尽美，甚至还会"帮倒忙""惹麻烦"。但往往是这样年纪小、能力弱的孩子对做家务最敏感，如果家长仅仅是因为怕孩子"添乱"就拒绝孩子，错过了孩子做家务的敏感期，那有朝一日在不得不教孩子做的时候所面对的问题一定比"帮倒忙""惹麻烦"要棘手得多。

4."现在社会分工这么细，做家务已经变成了一件无关紧要的事，孩子没必要学啊！"

对家务抱有错误认识也是一部分家长不愿意教孩子做家务的原因，他们不重视劳动，认为"家务根本就不用学，长大之后自然就会了"，甚至轻视劳动，认为"做家务是一件苦差事，有出息的孩子不需要做"。所以也就不难解释为什么在面对家务劳动时有的孩子总是牢骚不断："我哪知道怎么做？做家务那么辛苦。""以后找保姆啊！干吗自己做？"

所以，存在这种错误想法的家长最危险。事实上，家务劳动不是一件"苦差事"，而是知、情、意、行全方位的教育实践，蕴藏着学校教育难以企及的资源。如果家长不能及时扭转认识，长此以往，在这种环境下长大的孩子就不只是存在自理能力差这么简单的问题，他们甚至会忘记自己的责任，对周围的人和事缺乏关注，即使成年之后组建家庭也很难成为一个有担当的人。

看完了家长的态度之后，我们再来看一看孩子给出的理由：

问孩子:"你为什么不愿意做家务呢?"

1. "做家务比较枯燥,不像做游戏那样有趣。"
2. "爸妈总是强迫我干这干那,根本就不听我的想法,所以我才会很抗拒。"
3. "干得好的时候也不表扬我,干得不好的时候却总是数落我,一点儿成就感都没有,当然不愿意学,也不愿意干。"

家长给出的理由会考虑到学业、社会分工等客观因素,相比之下,孩子不愿意做家务的理由似乎更加主观,大多是出于一种消极情绪,而且这种消极情绪几乎都和父母的态度有关。有针对孩子进行的"家长对做家务的态度"的调查表明,有54.4%的家长说过"你好好学习就行了,家里的事用不着你管";41.4%的家长表示"你不好好学习,将来就去扫马路、去种地、去干体力活儿";44.48%的长辈说过"看你笨手笨脚的,这点儿事都干不好";54.7%的家长说过"去干你自己的事吧,别在我这儿添乱了"。

孩子都很单纯,家长种下什么样的"因",他就会结出什么样的"果"。在做家务这件事上,孩子在乎最多的是家长的态度,让他感到满足、顺应需求的就是能够被接受的;让他感到厌烦、违背意愿的就是不能被接受的。解铃还须系铃人,想要从根本上改变孩子做家务的现状,关键在于家长的改变。

第二章

成功的家教可以从
孩子做家务开始

"你还小，不用做""长大了自然就会了"，父母总是出于本能地给孩子最直接的保护，然而养育孩子是一项技术活，除了需要拳拳深情之外还要依靠理性和智慧。其实，孩子远没有父母想象的那样"晚熟"，从 1 岁半开始他们就有了做家务的敏感性，而且这种敏感性被发现得越早、开发得越充分，孩子的成长之路就会越顺利。

你可能不知道，1岁半的孩子已经有了做家务的敏感性

曾经有一段时间，妈妈们的朋友圈几乎被一段标题为《惊呆！国外1岁半baby独自在家24小时会干什么》的小视频刷屏，视频中只见1岁半的小男孩在家爬上爬下，穿衣服、刷牙、烤面包，甚至还会照顾家里的小狗，俨然一副小大人的模样。在这个视频被广泛转载、赢得一片惊叹的同时，也有人对它的真实性提出了质疑，甚至对视频发布者的意图产生了怀疑。面对这样的情况，国内一位知名心理学家表示："各位家长不要误解，假的是我们自媒体的标题，非要说人家的孩子是独自在家。但视频中孩子展示的能力是真的，美国人对孩子的早期教育也是真的。"

的确，美国家庭对于孩子生存能力的早期教育一直走在世界前列，美国育儿专家伊丽莎白·潘特丽曾针对不同年龄段孩子的特点设计了一份《儿童学做家务事年龄表》，她认为9个月大的孩子就可以根据指令独立完成类似于自己扔尿布、把纸团丢进垃圾桶之类简单的家务劳动了。反观我们的孩子，两三岁了还要大人追着喂饭，上小学还要家长帮忙穿衣服、收拾书包。我们总安慰自己"孩子长大自然就会了"，但生存能力真的是随着年龄增长自然而然就具备的吗？或者说"长大了"再学还来得及吗？答案是否定的。教育应该是一件未雨绸缪的事情，做家务也一样，越早开始对孩子的成长就越有利。

其实你可能不知道，1岁半的孩子就已经有了做家务的敏感性。从医学的角度来看，人体的动作发展主要包括两个大的领域，一个是身体运动，如爬行、走路等粗放性动作；另一个是手部的细节动作。每种动作都有它发展的最佳时期，我们称之为敏感期，如，走路的敏感期是 1 ~ 2 岁，手部动作的敏感期是 1 岁半 ~ 3 岁。另外，1 岁半 ~ 3 岁也是孩子自理能力发展的关键时期，这个时期的孩子喜欢反复地抓取物品，能帮助他锻炼手指的灵活性，实现一种自我满足感。当然，这里所说的 1 岁半是个大致的年龄段，在实际生活中家长也不必拘泥于此，只要你和孩子都做好了以下准备，教孩子做家务就可以被提到日程上来了。

1. 孩子的运动能力是做家务的先决条件

对于孩子来说，做家务的先决条件就是能够自主地运动，会走路、会爬行都可以。其次，能够听懂家长的指令，或者能够通过家长的演示来重复动作也是一个必要条件。一般情况下，1 岁左右的孩子可以做一些诸如把垃圾扔进垃圾桶之类的简单家务，这些事情虽然简单，但其中"抓取"的动作会大大提高孩子手指的灵活程度。而手指的灵活程度和右脑发育程度有密切的关系，右脑开发得当的孩子不仅记忆力出色，而且在音乐、绘画等艺术领域也常常表现非凡。

2. 找到能够吸引孩子兴趣的方式才是关键

在孩子的世界里，生活就是游戏、游戏就是生活，如何让孩子在游戏中学习家务，又如何把乏味的家务变成游戏才是当务之急。这里我们可以借鉴美国家庭的做法，在美国有一个名为 I Spy（我看见）的小游戏可谓家喻户晓，当听到" I spy with my little eye."的时候，几乎每个美国人都会重温起童年记忆中那段温馨快乐的时光。家长和孩子围坐在一起，家长用语言描述一个物品的外观，但不说出确切的名字，让孩子去猜、去找，找到就算胜利。这个过程比单纯呆板地找东西要有趣得多，而且在成人的引导下，孩子会有意识地观察周围物品的形状、颜色、质感等等相关属性，观察能力、判断能力都会得到很好的训练。

3. 千万不要忽视"碎碎念"的力量

在教孩子做家务的起步阶段，家长要秉承的一条重要原则就是"碎碎

念"，告诉孩子做什么（What）、为什么（Why）、怎么做（How），通过重复来强化孩子的劳动意识和能力。比如洗衣服这项家务，家长每次做的时候就可以把孩子带在身边，通过 What—Why—How 的形式告诉他这是在洗衣服，并向他解释清楚是因为衣服脏了所以要洗，然后一边示范一边告诉他洗衣服要一件一件放进洗衣机、关上门、按下电源、选择洗衣服的模式、调节好水位、按下开始按钮，洗衣机就开始工作了。千万不要忽视"碎碎念"的力量，这个"碎碎念"的过程就是孩子学习的过程。也许短时间内并不能看到明显的效果，但孩子长时间泡在"碎碎念"的氛围里，他学到的一定是一个严谨的过程，而不只是一个简单的步骤。

4. 忘掉完美主义，专心享受做家务的过程

在开始教孩子做家务之前家长一定要调整好自己的心态，不要苛求结果，而是要把重心放在做家务的过程上。对于 1 岁左右的孩子来说，他们很难把家务做得符合家长的预期，甚至南辕北辙也是常有的事，这个时候家长一定要忘掉完美主义，给孩子足够的机会去试错，珍视这个陪伴孩子成长的机会，把耐心留给孩子，其余的留给时间。

精英教育从来都不是只局限在课堂之内

2009 年，随着奥巴马宣誓就任美国总统，美国参议院也确认华裔科学家、诺贝尔物理学奖获得者朱棣文将出任美国能源部长。朱棣文的任职让这个华人之家再次走入公众的视野，朱棣文三兄弟个个都是精英，哥哥朱筑文是麻省理工学院博士，同时拥有物理学、生物化学、医学三个博士学位。弟弟朱钦文更是年轻有为，21 岁就获得了政治学博士学位，后进入哈佛大学法学院深造，就职于洛杉矶一家著名的律师事务所。

朱棣文获得诺贝尔奖时，他的一位朋友在祝贺信件中这样感慨："你父母是用什么样的食物喂养出了你们这些天才呢？"其实，与我们想象的严父、严母不同，朱棣文父母很少在学业方面对孩子施加压力，相反，他们给了朱棣文三兄弟很大的自由空间，鼓励他们参与家务劳动，探索课堂之外的乐趣。

1.鼓励孩子下厨做饭

朱棣文父母的教子方式灵活，这其中不能不说的就是朱妈妈对三兄弟的"下厨启蒙"。

朱棣文三兄弟很喜欢和妈妈一起做饭，他们认为做饭就如同做游戏一样好玩。三兄弟最早跟妈妈学的一项厨艺是包馄饨，妈妈让大家排成一列，自己负责调馅，哥哥在前面摆皮、装馅，朱棣文跟弟弟在后面负责包馄饨，母子4人就像工厂流水作业的生产线一样，秩序井然。虽然朱棣文和弟弟包得不好看，但妈妈总是会鼓励他们："包得不错！能吃就很好了。"当享受着团队合作的硕果时，三兄弟总感到分外香甜。

上中学后，朱棣文就开始自己动手准备午餐。一般美国学生的中午饭都是三明治、牛奶之类的速食，朱棣文却总是换着花样准备各种料理，今天是中国菜，明天是墨西哥菜，丰盛的午餐引得不少同学投来美慕的眼光。每当这时，朱棣文都会将自己的美食贡献出来和大家一起分享。

从小就热衷烹饪的朱棣文，找到了做饭和做实验的共通之处，他说："动手做饭跟做实验一样，可以训练一个人的专注与解决问题的能力。你打开冰箱，拿冰箱中仅有的食材下厨，能做出一顿美味可口的饭菜，这就是在有限资源中求变、求好。"

这种在做饭中积累的知识和经验，在实验、研究面临困难和瓶颈的时期给了朱棣文莫大的安慰，让他能够心态平和、不折不挠，尽最大的努力将有

限的"食材"转化成更多的资源。

2. 给孩子机会"搞破坏"

除了教孩子下厨做饭之外，朱棣文父母还为孩子提供"搞破坏"的机会，鼓励他们在日常生活中边动手、边学习。

朱棣文的想象力很丰富，他很小的时候就喜欢在家里修修补补，无论是玩具、还是挂钟，只要家里的东西出了问题他总会第一个跑出来探索，一边动手一边琢磨其中的原理。父母对此并不干涉，甚至还会给他机会"搞破坏"，允许他花费很长时间来创造一些毫无作用的装置。他的房间里随处可见小螺钉、小螺母等零件，甚至还有一些尚未竣工的"大建筑"。

朱棣文说："这种从小就养成的动手做事的习惯，让我的双手更灵巧。"这双灵巧的手也大大调动了朱棣文大脑思维的运转，丰富了他的空间想象能力，让他在物理研究的道路上越走越远。

朱棣文根据自己的经验总结出了从小做家务的几点收获：

（1）养成自觉劳动的习惯，锻炼动手能力。

（2）学会遵循程序做事，做事有条不紊。

（3）学会管理时间，形成良好的条理性。

（4）对家庭尽责，养成做事认真的习惯。

（5）求变、求好，培养创新的思维和能力。

（6）训练了注意力，具备专注的能力。

从朱棣文的身上我们可以看出，精英教育从来都不只局限在课堂之内。书本上教的是统一、有限、标准的知识，要想在自己喜欢的领域做得出色、取得他人无法企及的成就，还要在课堂之外更宽广的空间吸收养分。

爱孩子是一种本能，怎么爱是一种智慧

古罗马哲学家爱比克泰德曾说："孩子一旦生出来，想不爱他，为时已晚。"爱孩子是父母的一种本能，就像潮涨潮退、日出日落一样自然且生生不息，这种本能之爱本来并没有什么对错和优劣，但根据不同的爱的方式产生的结果来看，却有适合与不适合之分。

一位身患绝症的母亲在人生最后的 5 年时光里对儿子倾尽了全部的爱，她尽最大的努力去照顾儿子的饮食起居，满足儿子的需求。为了让儿子在没有母爱的岁月里不至于忍受寒冷，她甚至织好了可供儿子穿到成年的毛衣、毛裤。弥留之际，母亲抱着儿子恸哭："我就要走了，从此你便孤苦无依。我命苦的儿，你要怎样活下去。"说罢，带着无尽的遗憾撒手人寰。

故事虽然感人肺腑，但总觉得哪里不对劲儿。5 年的时间不多，也许并不足以把孩子培养成才，但足够教会孩子一些生存技能。无论父母是否愿意相信，时光总在背后步步紧逼，终有人要满怀眷恋地离去，而留下的人在驻足彷徨后仍要继续前行。虽然大部分父母陪伴孩子走的路很长，但光阴易逝，仍需要珍惜时间，用智慧去养育孩子。

有一个 10 岁的男孩，做家务总是不太主动，能逃避的就逃避，对一些自己从没做过的事更是敬而远之。有一段日子，爸爸妈妈的上班时间有所调整，经常很晚回家，于是男孩饿急了的时候就随便吃些零食，不太饿的时候就等爸爸妈妈回来再吃。

看着饥肠辘辘的儿子，妈妈说："你已经不是小孩子了，要学着自己做一点儿简单的饭菜，这样才不至于饿肚子。"男孩听后很不高兴，气鼓鼓地

说："我连煤气都不会用，怎么能做饭呢？"妈妈下定决心要改变儿子，于是鼓励道："凡事都要经历从不会到会的过程，做饭并没有你想的那么难，多做几次就会了，但是不做永远也不会。"男孩见妈妈态度坚决，只好答应尝试一下。妈妈带男孩一起洗菜、切菜、准备调料，然后让男孩试着把菜倒入锅中翻炒。

由于蔬菜表面有水分，在倒入油锅中时油受热便迸溅了出来，其中有一小滴正好落在了男孩的手上。虽然烫得并不严重，但那一瞬间的疼痛对于男孩来说已经是一件天大的事了，他委屈地向妈妈求助，希望能停下来休息。虽然心疼，但妈妈还是在心里告诫自己："如果我反应过度，那儿子一定会认为这是一件很严重的事，从而对做饭产生抵触心理，那以后再教他做其他的家务就更难了。"在经历了一段挣扎之后，妈妈对男孩说："没关系，我儿子是男子汉，最勇敢了！你要记住这次教训，以后要把菜表面的水沥干之后再下锅哦。"妈妈的话超出了男孩的预期，他也就没有再去留意手上的小红点，继续专心炒菜。晚饭后，男孩把这件事写在了日记里，自己动手做菜后心里感觉美滋滋的，一下子自信了不少。

很多时候，推动孩子成长的并不是保护而是放手。像案例中的妈妈一样，父母要学会克制自己的本能情绪，并在适当的时候推一把，把成长的空间留给孩子。生活平顺的理由从来都不是没有波折，而是能够靠自己的力量去化解荆棘，并且阻止负面情绪淹没美好的可能。传授独立、乐观精神的父母，养育出的孩子即使面对逆境也一定是自立且快乐的。

智慧的爱从来都是引导孩子成长，而不是代替孩子成长的。《圣经》里有一种说法：孩子并不是父母的私产，他是上帝派来的天使，父母只是负责帮忙照顾。有些成长中的痛是难以避免的，即使孩子把手伸向带刺的玫瑰，父母也不要轻易阻拦，更不要替他去摘，孩子只有亲历疼痛才会了解采摘的方法，嗅到玫瑰的芬芳。

妈妈常包揽，孩子会变懒

我们小时候大都听过一个懒孩子吃饼的故事：

从前有一个懒孩子，从来都是衣来伸手、饭来张口。有一次妈妈不得已要出门几天，怕懒孩子被饿死，就做了一个很大很大的饼，从分量上看足以维持到她回来了。妈妈知道儿子懒，放在别的地方他可能懒得去取来吃，就直接把大饼套在儿子脖子上。几天后，妈妈回来了，发现懒孩子居然饿死了，而脖子上套的大饼却只吃了一点点。原来懒孩子只愿意低下头来吃前面的饼，够不着了也不愿意动手转一下吃后面的，结果只能被饿死了。

很多人只是把这个故事当成一个笑话，看过后就一笑了之，可曾想过，对于懒孩子的死，他的懒惰只是一个表象，根源却在于大包大揽的妈妈。虽然生活里几乎没有懒成这样的傻孩子了，但大包大揽的妈妈却并不少见。一项调查发现，大包大揽型的妈妈因为在生活中对孩子约束较多，孩子独立做决定的机会很少，很容易变懒、变冷漠。长此以往，孩子就会放弃自己承担的机会，形成对妈妈无条件地服从和依赖。

1. 妈妈常包揽，孩子会变懒

总有些人抱怨说："又懒又笨是现在孩子的通病，想当年我们小的时候……"难道说现在孩子的劳动意识退化真的是天性使然吗？曾有专家做过一项对 1666 名三年级至八年级中小学生的调查，结果显示：有 93% 的孩子表示"愿意和大人一起干家务"；表示"不会做，但愿意学"的学生也高达 92.7%。从总体上看，热爱劳动是孩子劳动意识的主流，可为什么落实到现实生活中孩子的劳动热情却又大打折扣了呢？

在调查中，42.2% 的孩子表示"大人不让我做自己感兴趣的家务"；

39.5%的孩子说"自理的事我愿意干，大人不让"。这说明很多时候孩子想做，但是由于家长过多地干预和替代而导致孩子没机会做。久而久之，孩子会因愿望得不到满足而会失去兴趣，就连力所能及的事也变成了负担，形成了懒惰的习惯。

2.大包大揽会让孩子觉得周遭的一切"与我无关"

一位妈妈正向老师吐露自己心中的困惑：

"张老师，我真不明白，我们家浩永5岁开始学小提琴，到现在已经7年了，怎么就没有入选这次出国演出呢？难道有什么内幕吗？"浩永妈妈既焦急又气愤。

张老师回答道："浩永妈妈，学校完全是按照孩子的能力进行选拔的，浩永的表现并不理想，也许是练琴的时间还不够吧。"

"怎么可能？浩永每天都会练琴，我和他爸爸怕孩子分心，一丁点儿活儿都舍不得让他干，孩子每天除了吃饭、睡觉，就是上学、练琴，甚至收拾书包、穿衣服这样的事都不做，怎么可能练得不好。"浩永妈妈一副据理力争的架势。

张老师听了浩永妈妈的话后长舒了一口气，说道："您知道吗？浩永没被选进乐团是因为他和其他乐手配合得不好，他总是自顾自地拉琴，独奏还可以，但我们是一个团队，需要集体意识。您刚才说孩子在家什么也不做，我想这就是问题的症结所在，浩永一直游离在集体之外，自然很难关心周围的人。"

大包大揽的妈妈喜欢三下五除二地帮孩子搞定所有问题，穿衣服慢，干脆帮你穿；鞋带系不牢，大手一挥帮你系；周报做不好，找人替你画；甚至小朋友之间闹矛盾都会亲自出马处理。把孩子的日常生活强行纳入自己的"势力范围"，可知这种过度保护会让孩子难以建立自我认知，无法对身边的人、事、物产生归属感和融入感，觉得周遭的一切都"与我无关"。

3. 大包大揽会造成亲子关系的疏离

一般来说，大包大揽的妈妈都会比较强势，如果再碰上一个软弱的爸爸，就很容易造成亲子关系的疏离。在家庭生活中，孩子在潜意识里总会在同性父母身上寻找认同感。面对强势的妈妈，女儿虽然表面上会表现得接受和顺从，但内心里却偷偷继承妈妈一样的控制欲，认为逃避、反叛是理所当然的，一旦她觉得自己有能力的时候就会向妈妈的权威发起挑战。"我偏不""不用你管"是母女大战中女儿最常用的字眼，她们常撂下狠话刺激妈妈，看似很有主张，只不过是"狐假虎威"罢了，嘴上逞强，心却在流浪。如果母女的才智和精力全用在吵架上，哪还有心思去维系亲情呢？对于儿子的情况恰恰相反。奥地利著名心理学家阿德勒有个一针见血的论断："假如母亲较富于权威性，整天对着家里其他的人唠叨，男孩子则始终站在防御的地位，怕受批评，常常会表现得懦弱和顺从。"

出人意料的是，相比于子女在情感上的刻意疏远，强势的妈妈反而更离不开孩子，甚至会把儿子或者女儿当作"替代配偶"来看待。在本该分离的时候不肯放手，亲子关系只能像手中的沙子一样，攥得越紧，散得越快。

4. 大包大揽甚至会成为犯罪的诱因

2015 年 4 月 9 日至 4 月 17 日，南通市某公安分局派出所连续接到 7 起电动车失窃案件，经过调查，警方将嫌疑人目标锁定在一对 90 后情侣身上，最终于 20 日将其抓获。在审讯过程中两人交代：两人从小娇生惯养，参加工作后嫌工作辛苦先后辞职，游手好闲，靠向家人要钱维持生活，最近开销比较大，家里给的钱花光了，于是动起了靠盗窃维持生活的"歪脑筋"，短短10 天时间，他们先后在当地盗窃了 8 辆电瓶车，涉案价值达 1 万余元。不在最好的年华求学、求职、求上进，而是好逸恶劳，等待这对"盗窃鸳鸯"的只有法律的制裁。

一时的懒惰可能只是习惯问题，但长久的懒惰会升级为好逸恶劳，变成一种品质问题，甚至会诱发犯罪。根据犯罪学研究发现，好逸恶劳是导致犯罪的最重要的因素之一，身体变懒还可以锻炼，心要是变懒了就不容易纠正了。

爸爸做家务，女孩有抱负

我国传统观念上信奉"男主外女主内"的家庭分工模式，爸爸们很少参与到家务劳动中来。这种生活模式对孩子的成长，尤其是对女孩的成长会产生很大的影响。

《心理科学》期刊刊登了一项由加拿大温哥华英属哥伦比亚大学进行的调查报告，研究人员在2011～2012年期间，从当地的一家科学中心招募了年龄介于7～13岁之间的172名男孩和154名女孩作为研究对象，对家务承担率和父母男女平等意识进行了调查研究，结果发现：

在父亲参与做饭、洗碗、洗衣的家庭中成长的女儿，未来期望的职业种类会更加丰富，她们大多希望能成为医生、警官、会计师、科学家等门槛较高的职业。相反，如果父亲不参与家务，而由母亲独自承担的家庭，女儿会更倾向于选择诸如护士、教师、图书管理员等所谓"女性化的职业"。研究人员进一步补充：即便父亲主张男女平等，但如果不付诸实际行动，那么女儿也无法从传统的女性角色中摆脱出来。

对于女孩来讲，在家庭和社会角色等诸多方面，父亲的影响比母亲更大，这意味着，父亲不能只把男女平等当作口号，而是要在日常生活中全力贯彻。一个充满家庭责任感、爱妻子、爱孩子的父亲会让女儿更有抱负。

除了在职业方面的影响之外，父亲参与家庭劳动还关系着女儿未来婚姻的幸福。网络上有一个很戳人泪点的视频，名字叫"你的样子就是你女儿未来老公的样子"，虽然视频长度只有 2 分钟左右，但其中所反映出的家庭问题、社会问题已经足够引起我们的共鸣。

故事里年迈的父亲去探望已婚的女儿，女儿下班后买菜、做饭、照顾小孩，忙得像个旋转的陀螺，而女婿却在一旁看电视，甚至连喝杯水都懒得起身自己去倒，还要麻烦妻子代劳。最让人唏嘘的是，无论是安然自若地享受闲暇时光的女婿，还是在家务活儿中忙得焦头烂额的女儿，都认为这一切理所当然。看到这样的情形父亲内疚不已，他心疼女儿但却没有资格去指责女婿，因为自己年轻的时候和女婿一样，从来没有帮助妻子分担过家务。他意识到问题的源头在于自己，是自己营造的原生家庭影响到了女儿，让女儿觉得女人操持家务、养育孩子、照顾丈夫等等这些都是天经地义的。

爸爸是女儿对异性最早的认识，也是最初的憧憬，很多女孩在年幼的时候都有一个"嫁给爸爸"的愿望。如果爸爸是一个好榜样，那么女儿自然会参照爸爸的样子去选择一个有责任、有担当的另一半。如果爸爸像视频中的一样，凡事只当"甩手掌柜"，那女儿自然会认为女人承担全部家务是天经地义的事情。

父爱如山，父亲不但应该提供物质保障，还应该在生活细节上给予女儿坚实的精神依靠。爸爸做家务是在身体力行地告诉女儿，家庭从来都不是一个人的，家务是全家人的任务，做家务是表达爱的方式。这种潜移默化的影响会伴随女儿的生活，让女孩在任何时候都不会委屈自己，勇敢地争取幸福。

第三章

爱做饭的孩子，走到哪里都能活下去

在传统的观念里，父母承担了主要的厨房劳动，孩子是没有必要进厨房的。然而时代在变，如今很多国家都已经把育儿"阵地"转向厨房，"厨房育儿"俨然是当下最时髦的育儿方式之一。日本就非常注重厨房教育，带孩子走进厨房，认识食材、了解烹饪方法、建立健康的饮食品位……在日复一日的柴米油盐中，享受甜蜜的亲子互动，感受浓浓的人间烟火味儿。

爱做饭的孩子，一生懂得照顾自己

　　2016 年 1 月，根据真人故事改编的电影《小花的味噌汤》在日本上映，导演阿久根知昭在采访中表示："最初接到剧本邀约时，我是拒绝的，因为这个故事太悲伤。但见到父女二人之后，我被他们乐观的人生态度所打动，于是决定将他们充满生命热忱的故事搬上银幕。"

　　这到底是怎样的一个故事呢？我们还要从 1998 年的夏天说起：

　　那年千惠 23 岁，信吾 34 岁。在新闻社工作的信吾被一位穿白色夏装、用白手帕擦汗的年轻女大学生深深吸引，简单的询问过后，他假借顺路的名义将千惠送回学校。路上，千惠说起了自己的理想：明年毕业，当一名音乐教师。第二年夏天，千惠如愿以偿，信吾也鼓足勇气向千惠告白，两个人正式走到了一起。

　　美好的日子总是短暂，半年之后千惠竟然被确诊为乳腺癌——"3 厘米左右的恶性肿瘤，治疗方案有限。肿瘤以病灶为中心呈放射状分散，很难采取保守疗法，建议立即手术。"拿到确诊通知书后，信吾只有一个想法：尽快跟千惠完婚，手术后一起去加拿大度蜜月。2001 年 8 月，两个人顶住家庭的压力举行了婚礼。

　　手术后千惠的身体逐渐好转，病情得到了控制，但情绪仍旧低落。为了鼓励妻子，信吾便带着千惠来到了加拿大，开始为期一个月的蜜月之旅。归国后，千惠发现自己怀孕了。面对突如其来的奇迹，全家人既高兴、又担忧，癌症患者生育的风险非常高，如果卵巢开始活跃地分泌雌性激素，很有可能导致千惠的癌症复发。几经波折，千惠决定生下孩子，延续上天对自己生命的馈赠。2003年2月，千惠走进了分娩室，女儿阿花出生了。

生下阿花后，千惠的病情复发且逐步加重。当千惠意识到自己终究不能守护阿花长大成人时，她决定教阿花所有力所能及的厨艺。千惠在信中说："阿花，做饭这件事与生存息息相关，我要教会你如何拿菜刀，如何做家务。学习可以放在第二位，只要身体健康，能够自食其力，将来无论走到哪里、做什么，都能活下去。"

2003年3月千惠的癌细胞转移到了左肺，2005年扩散到了肝脏和整个肺部。在千惠卧床不起的日子里，早饭都是阿花做，由于还够不到砧板，小阿花只好站在板凳上切菜；由于家中没有煎蛋用的小型平底锅，阿花就只能一边用着大大的铁制平底锅，一边叫着"好重啊，好重"。2008年千惠去世，阿花仍旧每天做早饭，继续着和妈妈之间的约定。

千惠刚走的日子，信吾日渐消沉。在信吾因思念妻子而不知所措时，阿花已经走进厨房为自己准备便当了，她会自己打扫浴室、摆放鞋子、叠衣服、准备上保育园需要的东西。信吾加班，阿花就会自己吃饭、写作业、睡觉，并把留给爸爸的饭菜放在锅里，再附上一张字条："这是阿花做的晚饭，爸爸要都吃完哦！"看着懂事的阿花，信吾感慨：阿花把千惠交给她的全都记住了，她懂得照顾自己也懂得体贴爸爸，这是千惠留给我最后的馈赠啊！

电影上映时，阿花已经是一名中学生了，和爸爸信吾一起生活在日本福冈市。阿花和同龄的孩子一样，会为学业烦恼、为喜欢的明星疯狂、对未来充满美好的期许；她又和同龄的孩子不一样，总是多那么几分对困境的乐观、对生活的从容、对身边人的友善。

在给妈妈的信中阿花写道："妈妈，有件事我想告诉你，所有的便当我都会自己做了！不说别人的坏话，不忘记微笑，这些都是妈妈教我的。虽然

我觉得好难，但车到山前必有路，阿花已经不哭了。"是啊！阿花不哭了！阿花信守着对妈妈的承诺：学会了所有的便当，在今后的一生中，无论走到哪儿、做什么都会照顾好自己。

厨房不是禁区，是孩子的成长之地

　　在传统的观念里，父母，特别是母亲承担着洗菜、做饭等主要的厨房劳动，孩子是没有必要进厨房的。"你还小，帮不上什么忙！""你还小，厨房很危险……"当孩子怀揣好奇之心走进厨房看看、摸摸、闻闻时，总会被父母用各种理由拒之门外。可偏偏在孩子的眼中，家里最好玩的地方就是厨房：锅碗瓢盆都是玩具；切菜、炒菜声都是悦耳动听的歌；红的辣椒、绿的菠菜、白的萝卜都是斑斓的画。如果父母仅因为一句"你还小"就将孩子阻隔在厨房之外，那他还能到哪里去体验这些敲敲打打、揉揉捏捏的乐趣呢？

　　放眼世界，在现代家庭中厨房已不是孩子的禁区，很多国家的父母都已经把育儿"阵地"转向厨房，"厨房育儿"俨然成为当下时髦的育儿方式。在日本，最畅销的育儿书主题是"儿童料理食谱"；最热门的家电是"儿童专用厨具"；最火爆的电视节目是 NHK 的"儿童烹饪"。在俄罗斯，年仅 3 岁的小萝莉波琳娜就能够独自制作沙拉和肉饼了。在美国，15 岁的天才厨师已经能够为 40 人烹制 12 道大菜的晚餐了，料理家庭三餐自然不在话下。小小年纪就拥有一手好厨艺，既能照顾自己又能关照身边的人，难怪有人说：厨房不是禁区，是孩子的成长之所。

　　博文是一个 12 岁的小男孩，爸爸妈妈一直觉得孩子没有必要进厨房，特别是男孩，怕他沉迷于锅碗瓢盆之乐后缺少几分干大事的胸怀，可最近的一次家庭教育分享会改变了妈妈的看法。教育专家让父母回家做一个测试：把白面、白糖、盐三样东西盛在同样的容器中让孩子分辨，不能闻、不能尝，仅用眼睛观察，看看他们能不能辨认出来。

回家后，妈妈立即在博文身上如法炮制，博文歪着头看了半天，几番犹豫之后才勉强把白糖辨认出来，另外两样却怎么也分不清楚。面对这样的结果妈妈感慨万千："我们小的时候，这就是简单到不能再简单的生活常识，根本就不需要学习、更不需要测试，两眼一看便知，可我的孩子竟然如此茫然和无知。我突然想起专家的话，'厨房不是禁区，是孩子的成长之所。'起初我还满腹狐疑，现在剩下的只有汗颜和羞愧。"

从那以后，妈妈决定带着博文走进厨房，无论淘米、择菜，还是炒菜、煲汤，都会叫博文来打下手，递个盘子、洗个黄瓜、剥头大蒜……博文有时也会好奇地问："炒菜和炖菜有什么区别？""为什么要等油热了才能把菜下锅？""为什么煮粥要一会儿大火一会儿小火？"妈妈就耐心地一一给他解答。随着"混迹"厨房的时间越来越长，博文已经能毫不费力地辨认常见的厨房调料了。不仅如此，博文还学会了西红柿炒鸡蛋、炒黄瓜片、炒土豆丝等简单的家常菜，妈妈再也不用担心他会饿肚子了。看着博文一天天地进步，妈妈感到无比满足。

在厨房，好奇的孩子会用眼睛观察食材的形色；用耳朵分辨水沸腾前后的声音；用舌头品尝酸甜苦辣；用皮肤感知冷热和软硬；用语言把味道描述得有声有色。慢慢地，孩子会知道每一种食物都有很多种加工方法，或许他现在还用不到，但终有一天面对问题时他不会手足无措。家庭教育应该讲究因地制宜、因时制宜，"厨房育儿"早一点儿、晚一点儿，效果真的不一样，家长带孩子走入生活的深度将直接决定孩子未来的高度。

"食育"，帮助孩子建立健康的饮食习惯

"食育"一词，最早见于日本军医石冢左玄的著作《食物养生法》，石冢根据"医食同源"的理论提出了食物和身体健康的关系。现在所说的食育，指从幼儿期起通过多种多样的体验来引导孩子获得有关"食"的知识和选择"食"的能力，从而帮助其养成健康的饮食习惯。

日本是较早践行食育的国家，于2005年6月独创性地颁布了《食育基本法》。《食育基本法》规定从幼儿园到中学阶段都要开展食育课程：小学阶段的重点放在防止偏食、珍惜食物、掌握吃饭礼节等方面；中学阶段则要着重学习食品的特征，掌握健康饮食知识。另外，日本的食育不仅针对孩子，也面向全体国民。正是食育的普及，唤起了日本人对"洋快餐"的重新审视，使高营养、低卡路里的传统日餐重新受到国民的青睐。

那我国的食育现状又如何呢？一篇来自《中国食品报》的报道显示：

·家长和孩子的营养意识都比较淡薄。甚至有些偏远地方的家长不知道自家的鸡蛋更有营养，反倒把鸡蛋卖了换方便面给孩子吃；不知道自家的胡萝卜有营养，把胡萝卜用来喂猪。

·学校食育课程投入缺位，健康教育课被边缘化，孩子对自然、对农业等相关常识知之甚少，当被问到"菜从哪儿来"时，大多数孩子仅能给出"超市里买来的"这样浅显的答案。

·营养信息混乱，媒体引导不利，各种"专家"鱼龙混杂，所讲内容大多没有科学依据。

·慢性疾病低龄化问题日渐突出，高血压、糖尿病等疾病正在向儿童、青少年群体蔓延。

·食物浪费增加、饮食礼仪逐渐消失、传统"食"文化面临前所未有的危机。

食育可以分为家庭的食育、学校的食育和社会的食育等多个层面，但遗憾的是，我们在以上三个层面的食育水平都有待提高。就家庭这个层面来说，很多父母习惯于把精力放在孩子的教育问题上，认为"食"是一项先天技能或者是经验累积，犯不着专门花时间学习。其实不然，对于任何人来说食育都是教育的基础之一，加诸羸弱身躯之上的期许厚望只能是一纸空谈。食育虽说仍是一种比较前沿的理念，但实践起来并不复杂，家长只需随时随地把孩子融入家庭生活之中，让他边劳动、边学习、边成长。

1. 获得有关"食"的知识

食育的第一步就是获得有关"食"的知识，从而均衡地摄取食物来为健康助力。很多父母在养儿育女方面都是借鉴老一辈人的经验，或者是参考网上各种"专家""权威"的意见，到底如何饮食才健康可谓众说纷纭。今天有人说"肉有营养，要给孩子多吃一点"，明天又有人说"肉吃多了影响健康"。到底该听谁的？难道营养和健康不是一回事吗？说到底营养并不是健康，营养只是保证健康的一个重要环节，而健康是生活方式、精神状态、社会交往等因素综合作用的结果。人们之所以把营养和健康混为一谈是因为在众多因素中最基本、最主要、对生命质量和寿命长短起决定作用的是"食"的营养，即营养是健康之本，想要获得全面的健康还需要在相关方面多做努力。

2. 具备选择"食"的能力

既然"食"的营养如此重要，父母岂不是要掌握全面的营养知识不成？其实也不用，孩子的接受能力有限，父母只需具备营养常识并把这些常识教给孩子就可以了。这里借鉴一下日本学校普遍采用的方法，把孩子日常所能接触到的食物按照营养成分划分为三大类：

第一类是红色食物：主要包括肉类、鸡蛋、牛奶等富含蛋白质和钙的食物。

第二类是黄色食物：主要包括大米、面食等富含碳水化合物的食物。

第三类是绿色食物：主要包括水果、蔬菜等富含纤维素和维生素的食物。

做饭时，让孩子根据自己的喜好挑选食物，但必须三类都吃才行。慢慢地，孩子就会养成选择"食"的能力。同时，父母还可以和孩子聊聊这三类食物的作用，红色食物能促进肌肉的生长、骨骼的发育；黄色食物在体内会被转化为糖类，为身体各项活动提供能量，让运动更有活力、思维更加敏捷；绿色食物能让身体机能运行得更加协调、皮肤更光滑、抵抗力更强等。耳濡目染，孩子自然会把这些常识铭记于心。

除了让孩子自主搭配食材之外，父母还可以鼓励孩子参与到做饭的过程中，让他边动手、边思考。如洗黄瓜的时候，让孩子观察到黄瓜是绿色的，新鲜的黄瓜表面带刺，摸起来比较粗糙，掰开来看有瓤、有籽。然后让孩子去想一想，丝瓜、苦瓜等是不是也像黄瓜一样有同样的结构？这些瓜之间有没有联系？这些由"食"而引发的思考都是不错的科普启蒙，能够帮助孩子触类旁通，将零散的知识活用到生活的方方面面。

3. 对"食"常怀感恩之心

健康的饮食习惯除了懂食、会食之外，还应该对食和食相关的一切常怀感恩之心。食物来源于自然，经由他人之手来到餐桌之前，所以食育还应帮孩子建立和自然、和他人的联系。父母可以带孩子走出家门，一起看一看作物的生长环境和生长规律、农民劳动的辛劳和收获的喜悦、各地的饮食习惯和风土人情，让孩子知道食育不单有枯燥的知识，还有喜怒哀乐的情感变化。这样他才能够更好地感恩劳动、节约粮食、珍重人与人之间的情感。

食育原本就是来源于生活的教育，点点滴滴都在为孩子的成长蓄力。

大手牵小手一起逛市场——菜市场就是课堂

很多父母在学生时代可能都读过汪曾祺先生的《黄油烙饼》，对那句"黄油烙饼是甜的，眼泪是咸的"印象深刻。汪曾祺先生是位把口腹之欲与高雅文化拉得很近的人，他写过很多谈吃的文字：

东坡肉其实就是红烧肉，功夫全在火候。先用猛火攻，大滚几开，即加作料，用微火慢炖，汤汁略起小泡即可。东坡论煮肉法，云须忌水，不得已时可以浓茶烈酒代之。

冬天，生一个铜火盆，丢几个栗子在通红的炭火里，一会儿，砰的一声，蹦出一个裂了壳的熟栗子，抓起来，在手里来回倒，连连吹气使冷，剥壳入口，香甜无比，是雪天的乐事。

二尺多长的活治整鳜鱼入大锅滚油干炸，蘸椒盐，吃了令人咋舌。

汪曾祺先生不但爱吃、还爱做，从选材到烹制都亲力亲为，他对菜市场推崇备至："到了一个新地方，有人爱逛百货公司、有人爱逛书店，我宁可去逛逛菜市。看看生鸡活鸭、新鲜水灵的瓜菜、彤红的辣椒，热热闹闹，挨挨挤挤，让人感到一种生之乐趣。"

我们总说现在的孩子距离生活太远，都快到了独立生活的年纪仍然一副不食人间烟火的模样。那为何不趁他还小的时候，大手牵小手去菜市场逛一逛，让他看看花花绿绿的蔬菜、清香扑鼻的水果、新鲜红润的猪牛羊肉、活蹦乱跳的鱼……学着挑挑选选，享受讨价还价的乐趣。

1. 菜市场里的自然课

带孩子逛菜市场最直接的好处就是可以让他多认识一些日常的食材。一位爸爸回忆道：

小的时候，我经常和爸爸一起逛菜市场，菜市场就像一个大课堂，那些琳琅满目的食材对我的吸引甚至比看动画片还大。每次逛菜市场的时候爸爸都会给我上课，告诉我这个叫甘蓝、那个叫白菜、远处又圆又长的是冬瓜……起初他只是教给我一些好辨认的，后来就开始让我区分一些比较相似的蔬菜，比如西芹叶柄较宽厚、实心，口感较脆，适合炒着吃；小芹菜的叶柄细长，一般情况下都作为馅料或凉拌食用。

除了教我认识食材、了解食材的吃法之外，爸爸还会告诉我怎么去挑选食材。比如，选柚子要选小且沉的，这样的水分比较充足，口感会更好；挑选黄瓜的时候要选"顶花带刺"的，这样的才新鲜；选西瓜的时候要用手指关节的部位敲一敲，声音清脆的会更甜。

这还不算完，爸爸还会告诉我什么东西搭在一起吃营养吸收，什么又最好不要搭配在一起吃会有不良的反应。虽然爸爸当年的有些说法已经被证实并不科学，但这种从小培养起来的合理搭配饮食的意识让我一生受用。现在我也做了爸爸，也会牵起孩子的手一起逛菜市场，给他讲讲食材的知识，就像当年的爸爸。

很多知识并不是刻意学的，都是在真实的生活场景中慢慢积累的。在逛菜市场的过程中带孩子认识一年四季的应季蔬菜，给他讲授食材的营养价值、挑选方法、烹饪方法以及其他相关的常识，静待聚沙成塔的力量。

2. 菜市场里的经济课

带孩子逛菜市场的另一个好处就是能让他学会算账，有计划、有节制地花钱。

第一步：列购物清单

在带孩子逛菜市场之前最好先列一份购物清单，想一想最近家里都需要买什么东西，然后分门别类地列在纸上，等到了菜市场的时候就可以按计划行事，避免遗漏。家长千万不要觉得列清单的过程麻烦，这并不单纯地是一个记忆问题，而是向孩子传达一种"做事之前先做计划"的理念，同时也能对孩子临时冲动的乱花钱行为产生一定的制约作用。

第二步：货比三家

菜市场有个不成文的潜规则——"杀青"。意思就是有些人对当下的菜市场价格不了解，买菜、做饭大多是心血来潮，再加上性子急，买东西基本凭喜好而且很少比价，所以有些商贩会对这样的"愣头青"故意抬高单价。另外，由于进货渠道不同、店面位置不同、追求的利润点不同等诸多因素，往往同一个菜市场的同种物品价格大相径庭。这些都需要家长一点一滴地教给孩子，让孩子在做决定之前货比三家，找到最优的选择。

第三步：讨价还价

顾客："老板，这个菜怎么卖？"

商贩："5块。"

顾客："能便宜点儿不？"

商贩："不讲价！"

（顾客转身离开）

商贩："哎，回来！四块五给你了。"

明码标价的超市时代，讨价还价的乐趣正在消失，但菜市场的商贩一般都不采用超市的"一口价"，而是选择以上对话中的浮动价格，借此赚取更大的利润。商品在走向消费者的过程中需要经过很多环节，而每个环节都存在讨价还价的现象，经济调控中所谓的"看不见的手"正是指这些讨价还价的综合作用。所以说，讨价还价不单是有趣的、也是有积极意义的，正所谓"小博弈、大作用"，讨价还价是带着孩子践行经济学原理的好机会。

3. 菜市场里的规则课

虽然菜市场相比于超市多了几分随意和亲切，但仍旧要做到秩序和礼让，不能加塞，也不要在未经允许的情况下乱尝东西……家长可以告诉孩子：排队结账就像过马路一样，大家秩序井然、不推不搡才能高效顺畅，否

则就会造成"交通混乱"，于人于己都是麻烦。一个孩子，乃至一家人的教养都可以在逛菜市场中体现出来。

4. 菜市场里的人情味

网络上曾经流行过一个关于在南北方买菜差别的讨论：

在南方：北方朋友来我家做客，头一次去逛南方菜市场，目睹了我卖菜的全部过程：一根胡萝卜、一只番茄、一把豆芽，脸上瞬间浮出了震惊、难以置信和害怕的复杂表情。一路沉默地陪我回到家后才开口说："你只买那么一点儿，我刚才以为老板会拍桌子，然后削你。"

在北方：我是一个广东人，刚嫁到东北的第三天就去菜市场买菜，我对老板说买两根芹菜，结果老板看了看我又看了看兜儿里的零钱后说："算了，你直接拿走吧，不要钱了。"

这样的生活场景反映的正是一种文化现象，是南北方各自特有的人情味。有人说，菜市场就像一部百科全书，想要了解一座城市就去菜市场逛一逛，看看那里的人买什么、怎么买、买多少，再光鲜的生活在这里也会被剥掉外衣，露出为柴米油盐奔波劳碌的质朴。带着孩子一起逛菜市场吧，按下生活的放慢键，去感受浓浓的人间烟火味儿！

让孩子参与做饭是改善他挑食的好办法

"来，听话，多吃蔬菜才能长大个儿。"

"吃菠菜有力量，像大力水手一样厉害。"

"快点儿过来吃一口，再不吃的话爸爸都抢光了哦！"

这些再熟悉不过的话一定会勾起很多家长的烦恼：孩子挑食该怎么办？曾有调查显示：大约有 25% ～ 35% 的幼儿及学龄前儿童都存在挑食问题。面对挑食的孩子，家长看在眼里、烦在心上，担心长期营养不均衡会影响孩子身体的健康发育，于是连哄带骗、软硬兼施，却总是不见起色。这可怎么办才好？建议家长不要着急，先搞清原因然后再对症下药，一般而言，孩子挑食的表现可以分为以下两类：

1. 对所有的食物都胃口不佳

有些孩子吃什么都不香、食欲不振、精气神儿也不足。这样的孩子大多体质欠佳，由于先天不足或者后天疾病导致脾胃虚寒，进而出现挑食问题。这种情况下，建议家长带孩子及时就医，寻求专业医生的指导。

2. 对某一种食物过分挑剔

大多数挑食的孩子只是不愿意吃某一种食物，比较多见的是不愿意吃胡萝卜、芹菜、韭菜、茴香等蔬菜。其实，孩子不愿意吃蔬菜是一个心理问题而非生理问题。由于孩子的味蕾密度较高，对味道会比成人更加敏感，如果第一次品尝时留下了不好的印象，那日后便会一直拒绝。

对于这样的孩子，家长不要过多指责，更不要强迫他吃不喜欢的食物，要知道 2 岁左右的孩子逆反心理很强，方法不当只能适得其反。家长不妨放宽心，在生活中慢慢地引导孩子：用孩子喜欢的卡通形象来给他做个榜样，如大力水手吃菠菜等；也可以把蔬菜做成有新意的样子，如把西红柿做成小兔子、胡萝卜切成花瓣形；条件允许的情况下最好带着孩子一起做饭，让他去看、去闻、去感受，亲身参与这些过程，会促进孩子去品尝的意愿。

一位妈妈这样说：

很多孩子都有挑食的毛病，我家乐乐也一样。刚开始我还能耐心地追在

他后面喂饭，连哄带骗地让他多吃点儿青菜，到后来耐心磨光了，剩下的几乎只有责骂。有一天听朋友说"越是挑食的孩子越不能强迫他吃，要在饮食上充分尊重孩子的意见，最好带他一起做饭。"我尝试了一段时间，效果还真是不错，大家也不妨尝试一下。

乐乐特别不喜欢吃菠菜，总说"菠菜臭"。一天，乐乐见我在厨房洗菠菜，赶忙捏起鼻子、皱着眉头说："宝宝不吃菠菜，菠菜臭！"要是之前我肯定会吼他"不吃拉倒"，但转念一想还是耐下心来对他说："乐乐，生的菠菜不臭，不信你来闻一闻？"乐乐一副不为所动的样子。于是我又说："可能是妈妈的手艺不好，宝宝炒的菠菜肯定是香的。"听我这么一说，乐乐忽然来了兴致，表示要试一试。于是我从洗菜开始，让乐乐仔细观察菠菜叶片的形状、叶子和根部的颜色，还让他凑近闻闻看有没有"臭味儿"。准备完毕之后，我打开燃气灶、倒好油、炒香蒜末、把菠菜放进锅里，然后抱起乐乐让他翻炒两下、加点盐……不一会儿，乐乐的第一道大菜——蒜蓉菠菜出锅了。

我尝了尝后对乐乐说："一点儿都不臭，比妈妈做的好吃。"乐乐听后满心欢喜，竟然破天荒地吃了半碗菠菜。从那以后，我每次做饭都会参考乐乐的意见并尽可能地和他一起做饭，虽然只是洗洗菜、剥剥蒜、象征性地炒两下，但这个参与的过程给了乐乐莫大的成就感。以前我做饭乐乐不好好吃、吃什么都不香，现在他自己"做饭"后胃口大开，吃嘛嘛香。

加拿大亚伯达省的健康部门曾做过一项研究，他们选取了151所学校的孩子作为调查对象，结果发现：经常帮厨、参与食材选择、烹饪过程的孩子，饮食习惯更加健康；从不插手做饭的孩子则更容易出现挑食、偏食、喜爱吃垃圾食品的现象。更让人惊喜的是，研究还发现参与做饭有利于提高孩子的思考能力，对学业大有好处。

每个人都会有这样的感觉：相对于其他人做的饭菜，我们往往会觉得自己做得更加美味。对于孩子也是一样，参与做饭能够最大限度地激发孩子对食物的兴趣，每一次洗过的菜、剥过的虾、搅过的面……他都会吃得津津有味，满脸洋溢着劳动后的幸福和喜悦。

除此之外，用餐氛围也是影响孩子吃饭行为的重要原因。有些家长会在吃饭的时候打开电视，借此转移孩子的注意力，让孩子多吃几口或者趁机喂孩子一些平时他会挑剔的菜。其实这也只是一个治标不治本的办法，下次让孩子自己吃的时候他还是会把不喜欢的菜挑出来。孩子天生爱模仿，如果每一顿饭家长都能心无旁骛地和孩子坐在一起，不挑剔、不指责、专心吃饭，孩子挑食的概率也会大大降低。

在切切煮煮中享受与孩子的幸福互动

如果你的孩子开始牙牙学语，那你们大概还有 20 个新年可以一起守岁、包饺子；如果你的孩子系起了红领巾，那你们大概还有十来个中秋可以一起赏月、做月饼；如果你的孩子在紧张备战高考，那你们大概还有 4 个寒暑假可以一起旅游、吃美食……孩子真正属于父母的时间只有 20 年左右，如果不珍惜就会错过许多美妙的时刻。对于孩子来说，长大之后能够回忆起与父母相处的片断实在是少之又少，和大脑相比，来自身体和胃的记忆往往更加真切。下面我们再来看一个例子。

"用爱做饭、用心生活"是我们的家训。从儿子小海 3 岁起，我们一家人就在厨房切切煮煮、打打闹闹，如今 7 年的时光悄然流转，欢声笑语中唯爱和美食不能辜负。

1. 我们在厨房里拌嘴

一天晚上，小海说想吃炒土豆丝，于是在他爸爸的指挥下我们分工合作：小海洗土豆、我煮米饭、爸爸负责切丝和炒菜，忙得不亦乐乎。

忽然，小海问爸爸说："为什么上次是我洗土豆，这次还是我洗土豆？"

爸爸故意插科打诨道："一回生、二回熟，熟能生巧，巧夺天工……"

小海看出爸爸在故意转移话题，毫不示弱地说："爸爸你不是说过有再一再二、没有再三再四吗？按照这个逻辑，今天是我最后一次帮忙洗土豆了！"

看着父子二人"战况正酣"，我也不愿意掉队，于是我敲敲砧板说："注意了，我做的饭你们已经吃了不止两顿了，按照小海的逻辑我今天应该罢工。"

有一首歌里唱到，"最怕空气突然安静"。听了我的话，父子俩面面相觑，然后分别埋头于自己的工作，过了大约 30 秒之后，小海的爸爸忍不住笑出了声，厨房又恢复了开始的热闹景象。

2. 我们的厨房里有爱

一天早晨，天刚蒙蒙亮厨房里就传来了窸窸窣窣的声响，我和小海爸爸赶忙跑过去，原来是小海在烧水煮面。看到我和他爸爸慌慌张张的样子，小海不好意思地挠挠头说："我、我饿了，想煮碗面吃，你们忙、忙吧。"

我看小海结结巴巴的样子心想："这小子到底打什么鬼主意？不行，我要留下来搞清楚。"

看我们没有要出去的意思，小海也只好继续盯着锅。不一会儿，水开了，小海抓了一小把面条放进锅里。"那么可怜的一小把面条，看来真是不打算煮我和他爸爸的份啊，我们还是出去吧，别在这自讨没趣了。"于是我拽了拽小海爸爸的衣角，跑到客厅里打算啃面包。

稍后，小海把面端了出来，还拿着一张红色的卡片。"妈妈，生日快乐！我本想做好了之后再叫你，没想到被你抓包了。"小海把卡片递到我手里，脸涨得通红说："妈妈，这个给你，虽然不是我原创的，但我的心情和这个一样。那什么，你、你吃，我进屋睡回笼觉了。"

"你养我小，我养你老，从未让你骄傲，你却待我如宝。妈妈，您生日快乐……"看到这些的时候我已泪眼蒙眬，这一碗面、一张贺卡，已是我能想到的最好的回报。

3. 我们在厨房分享小秘密

在日复一日的切切煮煮中，我们会聊聊当天的见闻和感受，分享一些各自的小秘密。小海会和我们说起他和同学之间的有趣事情、关于学习的烦恼、甚至连他情窦初开的感情世界都愿意分享给我们。这些亲子之间的"难言之隐"，就这样在油锅的"滋滋"、汤锅的"咕咚"声中自然流露，全然没有正襟危坐的教导和指责。亲切随意，效果却出奇的好。

除了一起做饭之外，一起吃饭也是亲子关系的黏合剂。动画片《樱桃小丸子》里有一集讲道：一天，小丸子一家打扮得光鲜亮丽，准备出去吃牛排大餐，可是他们去的所有西餐厅都客满了，排了好久的队还是没有轮到，最后肚子饿到不行只能垂头丧气地回家吃面。但小丸子发现：无论吃什么，只要一家人在一起，哪怕一碗面都装满了幸福的味道。

很多人说现在吃饭是刚需，但做饭已经不是了。的确，现在各种食堂、餐馆、外卖层出不穷，口味也五花八门，但却总是缺少几分情感。一日三餐，一年算下来就是一千多顿饭，虽然这切切煮煮的时光中也不见得有什么微言大义，但却可以把幸福装进孩子的胃里。多花点儿时间在和孩子一起买菜、做饭、吃饭上，脚踏实地地生活才是真切和幸福的。

治大国若烹小鲜——在做饭中教给孩子做事的道理

《道德经》里有一句话：治大国若烹小鲜。意思是治理大国就像做菜一样，不能随意翻动、不能煮太咸也不能煮太淡、不能操之过急也不能怠慢、油盐酱醋都要适量、火候也要恰到好处。虽然我们的孩子离治国尚远，但做饭、做事、做人……生活里的很多事情都有着相似且相通的道理。

小芙和妈妈学做菜已经半年了，妈妈计划利用周末将自己的一手好厨艺传授给小芙。计划进行得顺风顺水时，妈妈被告知将会作为交流学者到美国进修半年。思来想去，母女俩决定克服困难继续做菜计划，由妈妈提供菜谱，小芙照做后通过邮件和妈妈交流心得。

邮件1——小芙问妈妈

妈妈：

我这周遇到了两个问题，实在不知道怎么办才好，你看到后要赶快回复我哦！

第一个：最近天干物燥，我就照着你给我的菜谱做了两次清炒苦瓜。第一次炒得比较生，苦得难以下咽；第二次我特意多炒了一会儿，可还是很苦。到底怎样才能把苦味去掉呢？第二个：我一直比较喜欢吃米饭，可最近却胃口大变，总觉得爸爸做的米饭不香，我自己动手做也不香。妈妈你到底用了什么魔法把米饭做得那么好吃？赶快告诉我吧。还有一句题外话，最近吃得不好所以心情不好，心情不好所以身体也不好，于是我的脸上冒出了很多小痘痘，很难看，这次就不给你发照片了。我和爸爸都好，就是忍不住想你。

爱你的小芙

邮件2——妈妈答小芙

我的小芙：

　　妈妈最近都在忙着上课学习，难免会回复得不及时，在这里给你说一声"抱歉"。关于你问的那两个问题，现在一一回答你，你有时间的时候试一试，保证会有神奇的效果。

　　关于苦瓜：你已经知道药补不如食补了，为你高兴。其实，苦还是不苦并不在于烹制时间的长短，而是炒之前的处理方法。还记得之前教你做可乐鸡翅时要将鸡翅用水焯一下吗？炒苦瓜的做法也类似。在烹制之前把苦瓜切成块状，用水焯一下，然后放进冷水中浸泡，这样处理之后的苦瓜就不那么苦了。但美中不足的是，苦瓜很可能会失去本来的清香之味。你可以想一想我曾经教过你的东西，举一反三，找个更好的办法。关于米饭：妈妈在家的时候你百吃不腻，那你可曾注意到妈妈在米饭上花的小心思：加红豆、加紫薯、加玉米……小佐料会创造大惊喜。还有，我的小芙，痘痘是青春期的标志，你不是上火了，而是要变成大姑娘了。

爱你的妈妈

邮件3——小芙回妈妈

妈妈：

　　你的方法真好，水焯后苦瓜果真不苦了，爸爸直夸我厉害呢！还有，今天我在米饭里加了点红豆，米饭立刻变得好香好香，我一开心就连吃了两碗，现在还撑得直打嗝。当然，我也没有忘记你交给我的任务，记得之前喝你从印尼带回来的咖啡时我觉得很苦，然后你告诉我在里面加点儿盐，苦味马上就减轻了一大半。是不是也可以用同样的办法处理苦瓜呢？等我下周尝试后再告诉你结果。时间不早了，我要去睡觉了。妈妈，晚安。

爱你的小芙

邮件 4——妈妈答小芙

我的小芙：

你的方法是对的，看到你越来越棒妈妈真的很开心。有一句话叫"治大国若烹小鲜"，妈妈并不希望你真的去"治大国"，而是想告诉你做饭就像做事和做人一样，并不只是完成任务这么简单，还要讲究协调和搭配，需要用心去经营。在这里妈妈送你三句话：

（1）学会把困境变成转机。就像你做苦瓜遇到麻烦一样，生活里也有好多麻烦，这个时候我们要学会去变通，不能一味地钻牛角尖。要试着从不同的角度去看问题，换个方法、换个工具……及时调整心态，不急不躁，尽力把困境变成转机。

（2）把单调的生活变有趣。就像做米饭一样，生活也有"主菜"和"佐料"。大多数人的生活都是比较相似的，比如你和同学们，每天的主要任务就是学习，日复一日重复着同样的生活难免会感觉单调乏味。所以，你要做的就是找到生活中的"红豆""紫薯""玉米"，读书、绘画都可以啊！通过"佐料"的力量让生活变得更精彩。

（3）心态比什么都重要。你之前说自己吃得不好所以心情不好，在妈妈看来正好相反，你是心情不好才吃得不好。态度决定了饭的味道，如果你用心对待每一种食材、用心处理每一道工序，一定会做出色香味俱佳的菜肴。生活也一样，只有用心做好每一件事、用心对待每一个人，才能更快乐。希望我的这番感悟不止带给你好胃口，还能带给你思考的快乐。

爱你的妈妈

教孩子做饭就是一个教他品味生活的过程，饕餮之余更多的是做事做人的智慧。一个会做饭而且爱做饭的孩子，将来一定会是一个爱生活、有情趣、善思考、有智慧的人。

第四章

在家务中，
如何培养孩子的各项能力

俗语说"心灵手巧"，究其本质应该是手巧才心灵。做家务可以全面地提升孩子的技能：手指更加灵活、头脑更加聪明、解决问题的能力更强、抗挫折的能力也会稳步提升……做家务是一个培养孩子"超能力"的好途径。在家务中，孩子会"无意识"地积累许多生活经验，从而更好地应对成长过程中所遇到的各种难题。

爱孩子就让他独立——"狐狸法则"养大的孩子更有出息

日本导演藏原惟善执导的纪录片《狐狸的故事》中有这样几组令人难忘的镜头：

镜头一：在茫茫原野中两只觅食的狐狸走到了一起，他们很快相爱，并在春天来临时生下了 5 只可爱的小狐狸，一家 7 口在草原上过着平淡且幸福的生活。

镜头二：在一次觅食过程中，狐狸妈妈不幸被夹子打中而死去，狐狸爸爸开始独自抚养孩子，他教小狐狸们如何捕捉食物，如何逃避危险，如何独立生存。

镜头三：在一个风雪交加的夜晚，狐狸爸爸把小狐狸全部赶到洞外。小狐狸站在风雪中凄厉地哀号，但狐狸爸爸的态度非常坚决，即使是失明的小狐狸也没有得到特殊照顾。

镜头四：小狐狸们长大了，而且很健壮，那只失明的小狐狸也能靠嗅觉觅食来养活自己。

在我们看来，狐狸爸爸的做法似乎有些无情，甚至还有几分残忍，但这恰恰是狐狸世界的生存法则：一切靠自己。因为只有这样，狐狸才能在恶劣的环境中生存下去，否则终将被自然选择淘汰。

"狐狸法则"又称独立法则，不但广泛流传在动物世界，也同样适用于人类社会。日本人从小就会灌输给孩子一种"一切靠自己"的社会法则，小小年纪的日本孩子就背起沉甸甸的书包独自上学、放学，即使家长去接孩子也不会帮他们拿书包。西方国家也很注重孩子独立性的培养，一般孩子年满18岁之后就要独立生活，如果住在家里就要承担相应的家庭开销，家长几乎不会允许他们"吃白食"。

我们不难发现，很多发达国家都倾向在育儿过程中秉承狐狸法则，这样的家庭培养出来的孩子独立意识都比较强，而且家庭成员之间相处也都很融洽，在遇到困难时能够团结互助，整个家族都欣欣向荣。美国洛克菲勒家族绵延六代，并未现颓废和没落的迹象，这与他们从小对子女的独立教育息息相关。

大卫·洛克菲勒是洛克菲勒家族经济帝国的第三代掌门人，他是兄弟中最小的一个，也是最出色能干的一个。他最大的成功不在家族的石油生意上，而在大名鼎鼎、位列世界十大银行第六位的曼哈顿银行上。大卫·洛克菲勒出任曼哈顿银行执行委员会主席兼总经理以后，使银行的资产净值从20亿美元上升到34亿美元。

1915年，大卫出生于纽约市，虽然当时洛克菲勒家族资产已逾亿万，但兄弟5个每周只能得到很少的零用钱，同时每个人还要准备一个账本，把零花钱的使用去向登记在册，爸爸小约翰·洛克菲勒会定期检查，监督孩子们是否有乱花钱的情况。

想要用更多零用钱怎么办？方法只有一个，自己独立去赚。大卫小的时候就通过家务劳动来赚钱：捉住阁楼上的老鼠，每只可赚5分钱；劈柴、拔杂草等杂活则按照时间来计算工钱；大卫还有一个赚钱的好办法，他设法取得了为全家擦皮鞋的特许权，然后每天清晨6点以前起床，在家人起床之前完成工作。

大卫的童年时代没有享受过任何超级富豪的生活，他穿着和雇工一样的普通衣服，每天忙忙碌碌地劳动，生活既简单又快乐。正是这种童年时代养成的独立意识，帮助大卫在日后的工作中雷厉风行，用自己的智慧缔造了一

个传奇的经济帝国。

在狐狸法则下长大的孩子往往更有出息，因为独立是做任何事情的出发点。从小对孩子进行家务训练会大大降低他对成人的依赖感，督促他形成一种"自己能做的事情绝不凭借他人协助"的独立观念，有朝一日踏入社会他也不会觉得无所适从。

2017 年 3 月 20 日，大卫·洛克菲勒在美国纽约的家中安然离世，享年102 岁。一代传奇落幕，但是他留给后世子孙的教育理念将会发扬下去。

小家务蕴藏大智慧——做家务的孩子更聪明

苏联教育家苏霍姆林斯基根据几十年的教育经验总结出这样的理论：劳动在智育中起着极其重要的作用，儿童的智慧在他的指尖上。苏霍姆林斯基认为让孩子从事家务劳动与读书、学习同样重要，凡是热爱劳动的孩子大多双手灵巧，更善于钻研，也更加聪明。

但受到社会环境和自身认知的影响，家长往往会把孩子的早期教育放在智力开发上，而忽视劳动习惯的培养。虽然每一个人的劳动行为都是通过手脚的行动来完成的，但对于成年人和孩子来说，劳动的意义和内涵却有很大的差别。为什么说做家务的孩子更聪明呢？

1. 做家务能够让孩子的手指更灵活

瑞典专家研究表明：手指做简单的动作时，脑的血流量会比手指不活动时增加 10% 左右；手指做复杂、精巧的动作时，脑的血流量就会增加 35% 以上。

俗语说"心灵手巧"，究其本质应该是手巧才心灵。引导孩子参与家务劳动是锻炼手的功能、开发脑的潜能、促进大脑发育的重要途径。陶行知先生有一首《手脑相长歌》："人生两个宝，双手与大脑；用脑不用手，快要被打倒；用手不用脑，饭也吃不饱；手脑都会用，才算是开天辟地的大好佬。"这首脍炙人口的歌谣道出了手脑协调发展的重要性。

2. 做家务能够提高孩子的语言表达能力

有部分家长为了提高孩子的语言表达能力，在孩子三五岁时就给他报一些演讲班、口才班之类的语言训练班，虽说初衷并没有什么错，但效果并不一定很好。孩子的语言能力主要不是体现在讲话的多少上，而是体现在理解能力上。很多小朋友说得很多，但是他说的话并不能准确传达出自己的意图，而且别人讲话时他也并不能完全理解。对于 6 岁之前的孩子，家长最应该关注的不是他掌握了多少语言技巧，而是他能否恰如其分地表达和理解。

孩子的语言基础来源于生活的体验和感官经验的积累。家长在教孩子做家务的过程中就可以边聊边做，引导他把话说完整、说准确。比如，教孩子穿衣服时，如果孩子说："穿衣衣。"那家长就要及时纠正他说："不是穿衣衣，是我要穿衣服。"并告诉他："你已经长大了，要把自己的想法说完整。"然后追问："你想穿哪一件衣服？能用一句话把自己的要求说清楚吗？"引导孩子说出："我想穿那件胸前有小老虎的上衣。"做家务是一个带孩子身临其境的过程，能让孩子在特定的环境中更好地理解别人的想法和意图，从而把话说得更完整，如果能够富有表现力就更好了。

3. 做家务能够培养孩子的专注力

除了让手指更灵活和语言表达能力更强之外，做家务还能够提高孩子的注意力。俄罗斯教育家康斯坦丁·德米特里耶维奇·乌申斯基认为："注意是我们心灵的唯一门户，意识中的一切必然都要经过注意才能进来。"良好的注意力是大脑进行感知、记忆、思维等活动的基本。长期坚持做家务，这种生活习惯就会迁移到学习上，使孩子的学习能力更强。

家庭是孩子成长的第一站，孩子的很多习惯都是从模仿家长的行为开

始，逐渐稳定为生活习惯，并迁移为其他习惯，所以说任何好习惯的形成都不是孤立的，而是一个系统而连续的过程。小家务蕴藏大智慧，让孩子做家务可以锻炼双手的灵活性、丰富语言表达能力、提高注意力，循序渐进地开发大脑潜能，让孩子变得更聪明。

当家才知柴米贵——在家务中培养孩子的财商

曾有人总结父母对孩子说过的经典谎言有：

"你是河边捡来的。"
"吃耳屎会变成哑巴。"
"在屋里打伞不长个儿。"
……

在这诸多的"谎言"中，最能引起孩子共鸣的恐怕还是那句"压岁钱我先帮你存着"。调侃的背后折射出了父母心中的纠结：给了怕乱花，不给怕伤心，到底要怎样处理孩子的压岁钱呢？

家住上海的李女士正在为如何处理儿子的压岁钱犯愁："现在的孩子压岁钱多，不管不行啊！奶奶给1000，叔叔给500……一个新年所获加起来足有5000。"李女士连哄带骗才让儿子同意把钱暂时存在爸爸的账户里。可是，钱存起来后李女士的烦恼并没有彻底解决："这些天，儿子总向邻居家的小朋友'炫富'，动不动就承诺请别人'吃大餐'。就连逛个超市他都不安生，吵着要买进口食品，不让买就发脾气说：'这么便宜我不在乎，反正我有 5000 多的压岁钱。'"

李女士的烦恼不是个案，南昌市某小学曾对一年级的小学生做过一次小范围的调查：在被调查的 20 个孩子中，仅有 1 个压岁钱在 2000 元以下，高达 4 个"万元户"，其余人都在 3000 元～ 8000 元之间。面对这种现状，家长们"帮你存着"并不是办法，等孩子长大之后再急匆匆地买两本理财书塞给他更是不可取，正确的做法是尽早地把财商教育提上日程。

所谓财商，就是一个人对金钱的认识、使用和管理能力。在市场经济时代没有人能否认财商的重要性，财商、智商、情商已经被认为是现代社会能力中不可或缺的三大素养。财商培养的最佳时期是青少年阶段，一旦错过，即使父母留给孩子再多的财富也不能保证他一辈子衣食无忧，没有足够的能力管理财富，再满的钱袋终有空掉的一天。

美国有一位银行家，在儿子很小的时候就教他如何与金钱打交道，如何管理自己的大学教育基金。当孩子 15 岁的时候，银行家父亲不幸去世。但令人欣慰的是，孩子说："我已经从父亲那里学到了很多处理金钱的规律和法则。"从那时起，他就开始独立地处理家族财产，并在日后子承父业，取得了不俗的成绩。

与此相对的是，在英国的金融圈里有一个广为人知的反面案例：同样也是一个男孩，在十几岁的时候得到了父亲高达几十亿英镑的家产，但由于不善打理，又有很多不良嗜好，只能坐吃山空，最终竟因为吸毒落得一个横死街头的下场。

财商如此重要，父母要怎样在生活中培养孩子的财商呢？

1. 树立"自力更生"的观念是培养孩子财商的前提条件

日本家庭主张孩子要"自力更生"，父母从小就告诉孩子"除了阳光和

空气是大自然赐予的，其他一切都要通过劳动获得。"在这种观念的影响下，孩子从小就知道凡事都需要靠自己的力量去争取，逐步建立一种"自己很有用"的信念，进而产生更强烈的"自立"欲望。

2. 谈谈钱的用途、钱的来源，培养孩子对钱的正确认识

常言道"三岁定八十"，孩子的很多习惯都是在很小的时候养成的。父母可以从认识钱币的面额开始逐步教孩子简单的加减运算，告诉孩子钱的用途、钱的来源。比如，带孩子去超市的时候就可以告诉他超市的商品都是别人的，需要交钱才能变成自己的，然后鼓励他自己去把钱交给收银员，这些都可以培养孩子对金钱的认识。孩子长大一点儿之后，就可以定期支付给他零花钱、教他储蓄、做购物计划等，让孩子逐步地认识钱、接近钱、打理钱。

3. "当家才知柴米贵"，鼓励孩子亲身体验当家的滋味

"当家才知柴米贵"，适时地把家里的财政大权下放给孩子，鼓励他在真实的生活场景中使用钱、管理钱，渐渐地他就会明白该买什么、买多少、怎么买，学着理性地消费。

我们来看看一个孩子在这方面的体会：

周五晚饭后，妈妈又开始唠叨物价太贵了，让我以后不要随便买零食和玩具。我气鼓鼓地回答道："为什么不能买呀，你们一个月总共一万多的工资都花哪去了？"妈妈看了我一眼说："唉，真是不当家不知柴米贵！这样吧，采购生活物品的任务就交给你，一个月下来你就知道钱都花在哪儿了。"第二天一早，我就在妈妈的带领下直奔市场，妈妈在一旁观望，我就"狐假虎威"，负责采购生活用品。大概一小时后，我们买了大蒜、萝卜、鱼、苹果、香蕉等蔬菜水果，还有纸巾、牙膏、洗衣液等生活用品，一共花了245元。

回家的路上妈妈对我说："这些蔬菜水果大概是一个星期的量，总共花了197元，你算算一个月下来要花多少？还有这些生活用品，再加上水、电、煤气，你的学习花销，咱们一家三口的服装花销，还有每个月4000元的房贷，你知道

咱们家一个月的开销是多少吗？"我掰着手指头算了半天，看来爸爸妈妈一个月的工资真的所剩无几了。别说当一个月家了，就是当一天家我都知道这其中的不容易了。看到我要打退堂鼓的样子妈妈继续说："让你当家的主要目的并不是为了节俭，而是希望你能树立正确的消费观，学会打理财富，既不吝啬也不无度挥霍。所以不能轻易放弃啊，按照我们说好的，这个月还是你来当家。"

学习、娱乐、交友，孩子生活的方方面面都与钱有关，但在遇到与钱有关的问题时孩子的表现却不尽相同，有的能自律、有节制，有的则挥霍无度，甚至误入歧途。为了避免孩子走弯路，财商教育必须从小做起，帮助孩子树立正确的金钱观念，形成理财能力，全面健康地成长。

眼里有活儿，心中有数——有担当的孩子才能成大器

《爸爸去哪儿》第 4 季的某一集中有一段安吉照顾弟弟小鱼儿的情节：爸爸不在的情况下，懂事的安吉喂弟弟吃饭、帮弟弟穿衣服、陪弟弟做游戏，种种细节都体现了一个小男子汉的担当。在众多"有爱"的镜头中，安慰弟弟时的一记"捧脸杀"令安吉圈粉无数，电视机前的"阿姨粉"们分分钟有一种想把小暖男"抱走"的冲动。

安吉的担当意识从哪里来？在后来的采访中安吉的妈妈表示："我在家里经常向儿子撒娇、寻求关心和帮助。"正是这一点，让安吉从小就懂得照顾别人、有成为"小大人"的机会，从而变得更有担当，而不是永远充当被保护的角色。老一辈人总说："眼里有活儿、心中有数，从小帮家里做力所能及的事，长大后才会更有出息。"的确，从小参与家务劳动、承担家庭责任的孩子，才

能时时刻刻眼里装着事情、心里想着他人，慢慢地成长为一个有担当的人。

那么，培养孩子的担当意识，家长要注意些什么呢？

1. 持之以恒，不能松懈

孩子偶尔做几次家务并不难，难的是能够自觉主动地承担，并且持之以恒地坚持下去。在家长的授意之下去完成一件事说明孩子的积极性很高；不需要家长的督促就能主动承担则是一种有担当的表现。从积极性到有担当，是一个由浅入深、由习惯到品质的渐进过程。

有一个13岁的外国男孩，每天早晨上学前都有一项雷打不动的任务：把家中的垃圾丢到垃圾站。一天，男孩走得匆忙，忘记把垃圾丢掉，于是男孩的父亲急忙赶到学校让男孩迅速骑车回家把垃圾丢掉。考虑到回家再回来肯定会迟到，所以男孩向父亲保证放学回家后会立即将垃圾丢掉并且以后不再发生这种事。但是父亲却丝毫不通融，执意让男孩立刻回家。最终男孩没能说服父亲，只好匆忙地赶回家把垃圾丢掉又匆忙地赶回学校，结果真的迟到了。校长把男孩找去谈话，当他得知男孩是被父亲叫回家倒垃圾后并没有责罚男孩，反而打电话给男孩的父亲表示感谢，感谢他为学校教育工作带来的帮助。从那以后，男孩再也没有忘记过倒垃圾这件事，并且把这次事件作为警醒，时刻提醒自己言出必行，做一个有担当的人。

我们虽然不提倡故事中父亲的做法，但他这种坚持不懈的精神值得肯定。家长千万不要认为"孩子还小，偶尔破例一次没什么"。殊不知，千里之堤，溃于蚁穴，一旦家长的意志松懈或者前后态度不一致，孩子很可能会抓住这个漏洞，逃避责任，让之前的努力功亏一篑。

2. 不要给孩子"擦屁股"

维维和妈妈一起去看奶奶，一到奶奶家妈妈就忙着换床单、洗衣服、擦桌子，帮奶奶大扫除。维维看妈妈忙得不亦乐乎也过来帮忙，他搬着金鱼缸到厨房去换水，换完之后再搬回客厅，可鱼缸太重了，再加上手上沾满了水比较湿滑，一不小心鱼缸就摔在了地上。奶奶闻声赶来善后，却被妈妈制止了。在确定了维维没有受伤之后，妈妈对他说："没受伤就好，去拿扫帚和拖把来把客厅打扫干净，注意安全。"维维看了看奶奶又看了看妈妈，在确定不会得到帮助之后转身走进厨房拿扫帚和拖把，吸水、擦地，不一会儿就把客厅打扫得干干净净。

出现问题时，家长切忌一边冲孩子发火，一边为孩子"擦屁股"。要让孩子自己去面对，去承担责任，即使孩子做得不好，甚至越做越糟也没关系，但是这个"靠自己"的过程必不可少。

"眼里有活儿，心中有数"，孩子经历的事情越多，成长的速度就越快。所以家长要在做家务的问题上持之以恒地督促孩子，并留给他充分的锻炼机会。一个经常为家庭成员服务的孩子，才能时刻把他人的需求谨记于心，去照顾他人、保护他人，成为一个有担当的人。

处理家务问题可以有效地提高孩子解决问题的能力

有些家长会存在这样的误解，认为智商高的孩子解决问题的能力就一定强。但是心理学家通过长期的观察和研究证明：相关的生活经验和对问题的熟悉程度才是解决问题的关键因素。所以，对于孩子来说，遇到问题时能否顺利解决更多地取决于他的经历而非聪明程度。

心理学家曾做过两组"小白鼠走出迷宫"的对比实验：

第一组，让小白鼠在迷宫中边奔跑边找出口，避免进入死胡同，并在出口处放有食物以激励它们尽快地走出迷宫。小白鼠每天都有进步，到达出口的时间越来越短。在实验进行到第16天时，它们已经能够顺利地回避掉迷宫中的死胡同，直接走向出口了。

第二组，头10天内让小白鼠在迷宫里自由行走，即使顺利地到达出口也没有食物奖励，根据条件反射的理论，这种情况下小白鼠不会发生"学习"行为。第11天开始在出口放食物，结果第12天时几乎所有的小白鼠都在最短时间内到达了出口，而且都没有走入死胡同。

为什么在没有食物激励的情况下小白鼠仍旧能快速地走出迷宫呢？心理学家解释说：在没有得到激励的头10天内，第二组小白鼠通过闲逛、观察等形式进行了隐性学习，并且在头脑中形成经验，只不过这种经验要在有助于解决问题时才能被调动出来使用。

这种隐性学习不仅发生在实验的情况下，日常生活中的很多经验都是隐性学习的产物。就像孩子每天走同一条路线上学，时间久了他除了知道学校的位置之外还会知道文具店在哪、餐馆在哪、游戏厅在哪；就像孩子每天观察妈妈炒菜做饭，时间久了他自己也能动手做两道简单的小菜……这些家务中无意识地积累起来的经验，都会在需要的时候发挥作用。

暑假的时候，飞宇和爸爸妈妈一起去云南旅游，临出行前妈妈给家里面所有的花都浇足了水，然后放心地说："浇了这么多水，估计一星期也不会干。"一个星期之后，飞宇一家兴高采烈地回到家，正打算去洗澡的妈妈忽然大声说："我的花怎么都旱死了！"原来，这几天家里的温度较高，连续一周都烈日炎炎，别说一周不浇水，就是两天不浇水估计花都会枯萎。妈妈一脸忧愁："这可怎么办啊？难道我们每次出门都要找个专门的人来浇花不成？多麻烦啊！"看着妈妈一脸愁容，爸爸安慰道："要是能有一个自动浇花器就好了，我听说网上有卖的，也不知道好不好用。要不咱下次出门的时候买一个试试。"

说者无心，听者有意，听了爸爸的话后飞宇打算自己做一个自动浇花器。说干就干，飞宇立刻跑回房间着手准备，可是从何做起呢？思来想去，飞宇忽然想到之前和爸爸一起组装家具时爸爸说过的一句话："做任何事情都不能盲目，要讲究问、析、做、思，也就是提出问题、分析问题、解决问题、总结和反思。"按照这个逻辑，飞宇马上就有了思路。

问：怎样制作一个自动浇花器？

析：问题提出来之后就有了方向，下一步就是顺藤摸瓜，找出自动浇花的原理以及制作所需的材料。于是飞宇打开电脑、迅速地检索资料，原来，简易的自动浇花器并不需要连接湿度传感器等"高端"设备，利用常见物品并结合毛细现象、虹吸等很多原理都可以实现。

做：飞宇选择用虹吸原理制作自动浇花器，他准备了一大一小两个塑料瓶、一套输液器、一个U形管。他先把大瓶装满水并在瓶口插入输液器，然后将小瓶的上半部剪掉并将U形管倒过来插入小瓶内，最后把大瓶悬挂在小瓶上方，一个自动浇花器就制作好了。

思：做好之后飞宇决定先试试效果，出现问题随时改进，争取找到一个最好的方法。

"有了这个自动浇花器后就方便多了，下次出去玩的时候妈妈就不用再担心家里的花没人照料了"，一想到这里飞宇就开心得合不拢嘴，赶忙去把这个好消息告诉了爸爸妈妈。

美国神经生物学家潘克塞普在总结脑科学的最新研究时说：一直以来人们对"学习"存在一个巨大的误解，认为学习都是在"有意识"的情况下进行。事实上，人们无时无刻不在对周围的世界进行着学习，大部分的学习是在"无意识"的过程中完成的。

很多时候，处理家务问题并没有一个明确的学习目的，更像是一个"无

意识"的学习过程，但这种过程中积累的经验同样可以有效地提高孩子解决问题的能力。案例中的飞宇正是通过之前和爸爸一起劳动时所积累的经验解决了问题。所以，家长不妨在家中多给孩子制造一些机会，让孩子多动手、勤思考，帮助他在生活中多多积累经验，以备不时之需。

实战之前必须预演——在家务中磨炼孩子的抗挫折能力

"遇到困难怎么办？"在被问及这样的问题时，有很多孩子都会回答"找爸妈""找老师"。在溺爱的环境中，孩子习惯了衣来伸手、养尊处优，他的一切都有人帮忙打点妥当，即使摔倒了也有人跑过去把他扶起来，并帮忙掸掉身上的尘土。这种环境中长大的孩子，在遇到挫折时很难爆发出战胜困难的自主能力，极容易裹足不前，甚至一蹶不振。

家住武汉的张女士最近半年来都过着提心吊胆的生活，生怕自己和老伴哪里说得不对或者做得不好会惹来女儿的不满。原来，张女士的女儿小陈因为工作不顺已经在家里待了半年多了。据张女士说，女儿小陈从小成绩优异，一直是班级里的骨干、同学的榜样，人长得也十分漂亮。可小陈大学毕业之后的情况却突然发生了变化，4 年时间内连续换了七八份工作，每一份工作都只做半年左右，有的甚至只做了两三个月。每一次都是以"工作难度大、受挫了"为由放弃，现在索性就不工作了，每天宅在家里看电视、玩手机、打游戏，而且脾气变得很古怪，动不动就发火，甚至对家人恶语相向。

张女士和老伴担心女儿因此一蹶不振，影响到以后的前程和生活，于是劝小陈说："在家里休整一段时间之后就找份新工作吧，挫折是难免的，谁都会有压力，你就当是积累经验，总有一天会厚积薄发找到更适合的。"可是小陈根本就听不进去，经常因为工作的事和家里人发火。这半年来，小陈和父亲爆发过很多次冲突，严重时几乎到了要动手的地步。"我和老伴就这么一个女儿，从小就把她看成掌上明珠一样。现在好好的姑娘变成这样，浪费了大好青春不说，最怕的就是长此以往她的精神会出毛病。"张女士边说边擦眼泪，她已经不知道该怎么劝说女儿了，只希望有经验的人能够拉女儿一把，让她早日回归正常的生活。

真实的世界有时的确很糟，没有人会在乎你所谓的特殊情况，更没有人有心情、有时间去听你解释。如果出了问题，就一定是你什么地方没有做好，要学会反省，要学会找原因。热播剧《我的前半生》中有一段话："实战之前、必须预演，以排除一切意外的可能。"为了避免我们的孩子在走向社会时像故事中的小陈一样茫然无措，家长就需要在日常生活中有意识地培养孩子的抗挫折能力，让他学会战胜困难而不是轻而易举地缴械投降。

4岁的小军正坐在地上收拾玩具，他要把100块积木装进盒子里。开始的时候，小军按照自己的想法随心所欲地摆放，可是最后剩了两块，无论如何也塞不进去了。于是，小军把装好的积木全部都倒出来重新装，这次同样费了好大的劲，却还是有一块三角形状的积木无处安放。这可急坏了小军，他一气之下把装积木的盒子重重地摔在了地上，并大声喊道："我装不进去，妈妈来帮我，我不要自己装积木了！哼！"然后在盒子旁边狠狠地跺了一脚。

妈妈看到小军又气又急的样子很想去帮忙，但转念一想："这么一点儿小事情都如此大动干戈，以后遇到大事可怎么办？不行，要让他自己去解决。"于是，妈妈把说明书拿给小军，示意他照着图示的样子重新来试一试。虽然很不情愿，但小军还是接过说明书，对着上面的图示研究了很久，然后又尝试了几次，终于在第3次的时候把100块积木妥妥当当地装进了盒子里。小军长舒

了一口气，说："终于装好了！"然后开开心心地把盒子放到了墙角。

家务中很少有天大的事，即使失败也不容易给孩子带来无法承受的挫败感，反而会是磨炼孩子抗挫折能力的好机会。另外，遭遇挫折时也是家长教育孩子的好时机，细心的家长会发现，在一切顺利的时候给孩子讲道理、说经验，孩子很可能会觉得这一切都是杞人忧天。但当孩子遇到挫折时，那些曾经的"耳旁风"就很容易吹进他的心里，并起到意想不到的作用。

挫折虽说是一件很不讨人喜欢的事情，却也是必不可少的人生经历。先哲孟子说过："故天将降大任于斯人也，必先苦其心志，劳其筋骨，饿其体肤，空乏其身，行拂乱其所为，所以动心忍性，曾益其所不能。"只有经历了挫折的考验，才能把曾经不可能的事情变成可能。

擅长做家务的孩子，做事往往更有条理性

很多孩子都会有这样的毛病：一会儿找铅笔、一会儿找橡皮，本来 1 小时就能完成的作业，他总是要花费 2 小时甚至更久。一会儿写几道语文题，一会儿做几道数学题，随心所欲、毫无章法，甚至连考试时也不标题号、不按照顺序来做……

一个缺乏条理性的孩子，即使有天赋、很聪明也会因为管理不好学习和生活而错失本该属于自己的成就，沦为一个低效能的孩子。这一点在男孩身上表现得尤其明显，他们厘不清课业重点、管不好课余时间，成绩总是落后于班里的女孩，进而产生了极大的挫败感。长此以往，男孩对学习的兴趣便会大打折扣，逃课、厌学甚至因此辍学的情况都时有发生。想要根治孩子

条理性差的毛病，单从学习习惯上下功夫是远远不够的，还要在生活习惯上多做努力，鼓励孩子自己照顾自己、安排学习和生活，越是擅长做家务的孩子，其做事的条理性就会越好。

1. 抓住敏感期，建立良好的秩序感

孩子的成长过程中会经历很多敏感期，秩序敏感期就是其中重要的一环。儿童心理专家认为 0 ～ 4 岁是秩序感（包括均衡、比例、对称、节奏、韵律等）发生、发展的敏感时期。在秩序敏感期内，孩子对周围空间内物品的摆放秩序有强烈需求，并会逐步将这种需求延伸到生活起居的习惯上。如果能够抓住这个时期帮孩子建立良好的秩序感，那他在日后的学习和生活中就能够更有效地激励自我，管理自我。在这一时期内，家长可以这样做：

（1）制定时间表，培养良好的作息规律

良好的作息规律是培养孩子条理性的前提，家长可以根据自家的实际情况将孩子每天起床、休息、看动画片、玩游戏等时间都固定下来，然后按照时间表严格执行。

（2）让孩子在穿脱衣服中学习先后顺序

家长可以通过儿歌等方式教孩子穿脱衣服，帮助孩子建立先后的概念。这样不仅能够教会孩子自己动手穿脱衣服，培养条理性，还能帮助孩子建立一种"我能行"的自信。

（3）建立有序位置，和孩子一起整理物品

在秩序敏感期内，孩子最喜欢在"有序的位置"内寻找物品。所以家长不妨在家中给孩子寻找一个专属位置，放一些孩子感兴趣的童话书、绘本、玩具等，然后按照类别做好标识，让孩子按照标识寻找、整理和收纳物品，慢慢地建立秩序感。

2. 鼓励孩子做家务，培养做事的条理性

晚饭后，爸爸的朋友张叔叔来家里做客。由于妈妈不在家，9 岁的小颖

就当起了"小主人"的角色。小颖先招呼张叔叔换好拖鞋之后，便来到厨房准备茶水，她先将水壶接满水、按下电源，然后从橱柜里面拿出茶杯洗好后放在茶盘里，再取来茶叶放在杯子中，一切准备就绪之后开水也烧好了。当小颖将泡好的茶水端给爸爸和张叔叔时，张叔叔感叹道："小颖真厉害，这么快茶水就准备好了，要是我估计现在还没烧开水呢！"

可别小瞧泡茶这个过程，是先把茶具洗好、摆好，然后再烧水，还是先烧水，然后趁水烧开的过程去准备茶具，两种做法有着很大的区别。条理性差的人会把一切都准备好了之后才烧水，但这样在无形中会浪费掉烧水的时间。条理性好的人会先烧水，然后把这部分等待的时间利用起来，提高了效率的同时也缩短了客人的等待时间。这实际上就是数学方法里的统筹方法。

培养孩子的条理性并没有灵丹妙药，一切都需要从身边小事做起，整理物品、洗菜做饭、打扫房间……家务劳动就是教育孩子最好的素材。不管是男孩还是女孩，在家务中积累起来的方法、技巧都会成为让他受益一生的好习惯，让他做事更有条理性，成为一个高效能的人。

第五章

在家务中，
如何培养孩子的情商

陶行知先生曾说："劳动教育的目的，在谋手脑相长，以增进自立之能力，获得事物之真知，及了解劳动者之甘苦。"做家务除了锻炼生活技能之外，还有强化孩子心灵体验的功效。父母总抱怨现在的孩子不懂得关心和体谅长辈，人际关系似乎也并不十分理想。那不妨带孩子一起做家务吧，都说"习劳知感恩"，劳动做到位，感恩就是水到渠成的事情了。

做家务是帮助孩子建立自信的一种有效方式

美剧《老友记》中女主角瑞秋说过一句话 "I figure if I can make coffee, there isn't anything I can't do."（我想，如果我能冲咖啡，那么任何事都难不倒我。）滑稽之余，可以看出浓浓的自信，正是由于这份自信，瑞秋在接下来的 10 年中不断成长，从一个连咖啡都泡不好的懵懂女孩一路成长为一个事业优秀的超能妈妈。

自信对一个人的发展起着举足轻重的作用，无论是在学习、工作还是生活中，自信的人往往如鱼得水，更容易取得成就。但对于大多数人来说，自信不是生来就有的，而是在成长过程中通过积极的成功体验来逐步培养和强化得来的。有没有一种简单便捷、行之有效的方法来帮助孩子建立自信呢？当然有，做家务就是一种不错的方法。父母或许会想：做家务和建立自信之间有什么关系？别急着回答，先来看一个英国人做的调查：

在英国，相关人员曾做过一项"从事什么职业的人更容易获得幸福感"的调查。结果显示，护工、理发师、水暖工等蓝领职业的从业者更容易在工作中获得幸福感。调查人员发现，人们普遍存在一个错误观念，即认为律师、银行职员等白领职业更加"高级"，因此理所当然是更容易获得幸福的。其实不然，在参与调查的人群中有 20% 以上的蓝领工作者对自己的工作感到很满意，其中护工的满意度最大，高达 40% 的护工表示自己"非常快乐"。相比之下，只有 9% 的白领工作者对自己现有的工作比较满意。

　　为什么会这样呢?调查人员解释说:"人在潜意识中会倾向于从事容易上手的工作,因为这样的工作往往更有把握,更容易'玩得转',压力更小,所以心态更加放松,从而更容易获得成功的体验,带来心理上的满足。"换句话说,从事容易上手的工作更容易帮助一个人建立自信,而有了自信之后工作会变得更加轻松,幸福感也随之而来。

　　做家务正好符合"容易上手"的特点,而且几乎不受时间和空间的限制,只要稍微花一点儿小心思就能做得不错。试想,当孩子依靠自己的力量把居家环境变得窗明几净、生机盎然时,他的内心自然会充满成就感,完成从"我不会"到"我能行"的心态转变。

　　最近悦悦妈妈接到幼儿园老师的电话,老师在电话中说:"我们发现悦悦做什么事情都畏畏缩缩,不敢跟老师说话也不敢跟同学交往。这孩子其实挺聪明的,就是动手能力太差。我们鼓励孩子自己盛饭,吃多少盛多少,悦悦每次都不能把饭完全盛进碗里,而且勺子握不太好,导致她吃得比其他人都慢。虽然都是些不起眼的小事情,却严重打击了悦悦的自信心。希望您和我们配合,让悦悦通过一些力所能及的家务来锻炼动手能力,渐渐地建立自信。"从那之后,妈妈不再给悦悦喂饭吃,而是和老师一样要求悦悦自己盛饭、吃饭。同时,妈妈还给悦悦找到了一件好差事:剥蒜,每天做饭的时候妈妈都会喊悦悦过来剥两瓣蒜。没过多久,悦悦就能熟练地使用餐具,及时吃完饭后加入到小朋友的游戏阵营中,人也变得比以前更加活泼开朗了。

　　做家务有帮助孩子建立自信的神奇魔力,而且开始得越早这种魔力的效果就会越好。根据意大利儿童教育学家蒙台梭利的理论:3岁左右是培养孩子生活能力的关键时期,此时孩子独立意识萌芽,学习热情高涨,渴望在生活中获得成就感,完成自我肯定并建立自信。所以家长一定要抓住时机,尽

早地教孩子一些"容易上手"的家务，孩子凭借自己的力量把家务"玩得转"时自信也就随之而来。

劳动的辛苦能够让孩子更深刻地体谅父母

在父母为了孩子的成长投入满腔心血时，又有多少孩子关心过父母的需求和喜好呢？

武汉市一所小学曾举办过一场亲子间的"默契大考验"。在考验孩子的环节，学校列出了一份涵盖"爸爸妈妈的生日""爸爸喜欢的食物""爸爸最喜欢的运动""妈妈喜欢的动物"等6个问题的调查问卷，邀请一到四年级的小学生和家长分别作答。令老师们意外的是，有将近80%的孩子写不出父母的生日，对父母的爱好、习惯等更是知之甚少。

总听人说现在的孩子自私、冷漠、不知道心疼父母，是被"惯坏了"的一代，所谓的"惯坏了"不就是认为坦然地接受别人给予的一切是理所当然的吗？张嘴的时候就应该有饭吃、伸手的时候就必须有钱花、生气了要有人哄、娇纵时应有人宠……他们不知道这一切都是父母的辛劳和牺牲。即使是条件优裕的家庭，从事脑力劳动的父母也未尝不辛苦。

孩子为什么认为一切理所当然？因为他们没有为生活付出过努力，没有体会过劳动的艰辛，就连力所能及的家务也没有参与过。让孩子做家务的意义在于让他对生活、对身边的人常怀感恩之心，就像喝茶的回甘过程一样，饱尝苦涩之后才能更好地品味甘甜。父母不要因为心疼，就让孩子与家务彻底绝缘，要知道"习劳知感恩"，做家务是孩子成长的必修课。

两位妈妈在电梯里闲聊。妈妈甲说："哎呀，今天下班晚了，我儿子肯定饿坏了。你家比我还远，一定很着急吧？"

妈妈乙看了看手机，回答说："是比平时晚了半小时呢！不过还好，估计我今天到家就能吃到儿子做的现成饭了。"

"啊？你儿子会做饭！这么厉害！我记得他今年也就10岁啊，只比我家孩子大半年。"

妈妈乙看出了妈妈甲的惊讶，解释道："其实也算不上会做饭，只是能简单地炒两个家常菜，不至于饿肚子而已。"

妈妈甲一脸羡慕的神情，感叹道："你家的孩子都能给你做饭了，我儿子还在'嗷嗷待哺'呢。你是怎么把儿子教育得这么懂事啊？"

妈妈乙回答说："我也没有特意去教他，他以前也有很多不好的习惯，吃饭的时候总是用手抓得到处都是，衣服上全是油；穿鞋也不爱惜，总是去水坑里乱踩，搞得鞋子很脏。于是我就让他自己洗，结果他费了九牛二虎之力也没洗干净。从那之后，他就变得仔细很多，衣服鞋子都比以前更干净了，再也没有让我为此烦心过。洗衣服、刷鞋，会做的事情越来越多之后他就更愿意尝试新的挑战。这不，最近迷上了做饭，我和他爸爸就沾光了。"

有些人认为：女孩做家务以后容易吃亏，男孩做家务会变得没出息。这些言论实在荒谬，吃亏、没出息和做家务没有半点关系，相反连自己都照顾不好的孩子长大后才更容易上当受骗、碌碌无为。陶行知先生曾说："劳动教育的目的，在谋手脑相长，以增进自立之能力，获得事物之真知，及了解劳动者之甘苦。"让孩子做家务，他才能深刻体会到父母所付出的辛劳，理解父母无私的爱，从而常怀感恩之心，发自内心去尊敬、孝顺父母和其他长辈。

爱孩子是父母的责任，要求孩子做力所能及的事、学会分担和感恩也是父母的权利。或许短时间内父母还看不到让孩子做家务的回报，甚至会使自己和孩子都很辛苦，但就像打疫苗一样：打针的时候会疼、打完的时候会肿，但有朝一日"风雪"来袭，免疫过的孩子一定更具有抵抗力。

为什么说孩子不做家务会影响人际关系？

父母或许都听说过蝴蝶效应：一只南美洲亚马孙河流域热带雨林中的蝴蝶，偶尔扇动几下翅膀，竟然在两周以后引起了美国得克萨斯州的一场龙卷风。蝴蝶效应用来说明任何不起眼的小动作都有可能会引起一连串的巨大反应，生活中的很多事情也是一样的，一件无足轻重的家务甚至会撬动一个人的人际关系。

从教10年的于老师最近遇到了一件棘手的事，班级里的很多同学都表示要把座位调离徐航身边。起初，只有一个人反映的时候于老师并没有在意，认为同学之间难免有摩擦，调开座位也是化解矛盾的一个好办法。可没过几天，刚调到徐航身边的同学也来找于老师提出和之前同学同样的要求，这还不算完，同桌、前桌、后桌甚至连斜对角的同学也要换座位。于老师想：这才刚分到一个班集体没多久，按照常理来说同学之间不可能拉帮结派去有意地疏远一个人，而且徐航同学整天一副笑脸，看着很乐天，也不像会和大家闹矛盾的样子。

思来想去，于老师把提出调换座位的同学全都叫到了办公室，然后一脸严肃地表示：必须说出明确的理由，不许找借口搪塞。大家眼见纸里包不住火，只好坦白从宽。生活委员赵亮率先开口了："徐航脚太臭了，他好像都不洗袜子、不洗脚，也不刷鞋。"接着，大家七嘴八舌地抱怨："就是，我之前和他说过，他却满不在乎地表示自己不会洗袜子，还说什么男子汉大丈夫不拘小节。""对啊，其实徐航人不错，很爽快。但就是这一点让人感觉他很不在乎别人的感受。""真的不是我们无理取闹，老师你不信的话自己去闻闻……"

于老师在大家的再三请求之下只好勉为其难，"不闻不知道，一闻吓一跳"，于老师屏住呼吸，强作镇定地把徐航带进了办公室。为了避免徐航感觉到没面子，于老师特意支开了其他同事，然后试探着询问："徐航，你有没有感觉到最近和同学之间的关系比较紧张，你有没有想过原因……"没有人知道于老师到底使用了什么招数，总之这次沟通取得了圆满的成效，徐航学会洗袜子了。既然问题从根源上解决了，也就没有人再要求调换座位了。

徐航这种因为脚太臭而招人嫌弃的情况实属个案，但因为不会或者很少做家务而影响人际关系的事情却并不鲜见。很多孩子在进入大学之后和室友相处得并不融洽，被边缘化甚至被排挤，这其中很少有原则性的问题，几乎都是：他不收拾卫生、他从不丢垃圾、他和别人视频的时候从来不顾及室友的隐私，他总是半夜煲电话粥影响大家睡觉……

所以说，孩子不做家务会影响人际关系。具体原因如下：

1.习惯于接受单方面照顾的孩子很容易忽视他人的感受

一个长期忍受"公主病"室友的大学生在微博上吐槽：

我们宿舍有一个有极度公主病的女生，有一天宿舍断水，"公主"闹着要喝水，于是下课后我们另外3个"丫鬟"赶忙跑去水站买了一大桶水然后搬上六楼。当我们气喘吁吁地把桶放上饮水机时，"公主"回来了，看到搬来的水不但没道谢反而生气地说："你们怎么不再快一点儿呢？害我刚去超市

买了一瓶，白跑一趟，多累啊！"当时我们气得脸都绿了，真想把她的脑袋按进水桶里。

一个习惯于接受单方面照顾的孩子缺少同理心，面对别人的付出常常无动于衷甚至口不择言，很容易忽视他人的感受进而影响人际关系。同理心建立在体验的基础之上，只有脚踏实地地参与生活，扫地、擦地、洗菜、做饭……孩子才能明白舒适的环境是靠汗水甚至疼痛换来的，这些细致入微的情感体验会形成一种同理心，帮助他察言观色，对别人的辛劳感同身受。当孩子再次面对他人帮助时才能及时地表达感谢，而不是冷言冷语甚至责备抱怨。

2. 缺乏场景互动的孩子对自己言行所导致的后果缺乏预期

李雪放学回家后就抱着妈妈痛哭，一问原因才知道：在学校午休的时候，李雪的好朋友欢欢接了一个电话，由于事情紧急就多说了几句，可是这几句话把原本在梦中的李雪吵醒了。李雪让欢欢挂断电话，但欢欢并没有听，一怒之下，李雪竟然夺过欢欢的手机重重地摔在了地上。欢欢恼羞成怒，骂了李雪几句并表示再也不要和李雪做朋友了。这可吓坏了李雪，她赶忙赔礼道歉，可欢欢态度坚决，李雪实在没办法了只能向妈妈求助。

一般来说，人们在做出反应之前都会在潜意识中迅速地预演一遍可能出现的结果，参考以往类似的事情和对方的反应来合理地调整语言和行为。李雪这样的孩子在事发之前就缺少上述过程，在感知、预期、应对等环节都存在不足。造成这种局面的深层原因在哪里呢？在于李雪与家人的相处模式和所扮演的角色。倘若李雪从小就积极地参与家庭生活，那肯定有相似的经历，再佐之父母的正确示范，李雪也不会做出过激反应，把事情搞成后来的局面。

人都有社会性的一面，需要维持稳定的人际关系。但人际关系的维护是需要学习的，父母的语言、行为、对孩子的态度、对问题的反应都是孩子日后人际交往中重要的参考指标。如果父母由于种种理由致使孩子的家庭生活环节缺失，那孩子很可能会失去很多，比如生活情趣、亲密的关系、体悟他人感受的能力、交往能力，凡此种种，都是错过之后就很难弥补的。

小鬼当家——在家务中培养孩子的领导力

美国心理学家马丁·塞利格曼教授认为：孩子不喜欢做家务，很多时候并不是因为他们懒或不体贴父母，而是因为父母没有激发出他们的兴趣。很多孩子在幼年的时候都有成为领导者的渴望，如果父母抓住这一点，那既能让孩子喜欢做家务，又能培养孩子的领导力。

培养孩子的领导力要趁早，曾有研究人员在世界各地选取了300多名2～22岁的受调查者参与"领导者热情"的调查，结果显示：孩子天生就有成为领导者的热情，但这种热情会随着年龄波动，性别之间也有差异。儿童阶段的孩子成为领导者的热情是相同的，也是比较高的；从小学开始，男孩女孩成为领导者的热情都会开始大幅下降；高中毕业后成为领导者的热情会逐步上升，但男孩女孩的上升趋势出现分化，男孩成为领导者的热情在大学阶段达到峰值；女孩成为领导者的热情虽然也在稳步提高，但远低于儿童阶段的峰值。

那么，怎样在家务中培养孩子的领导力呢？父母可以参考下面这位妈妈的做法：

我认为培养孩子的领导力应该做到以下三点：

第一点，小鬼当家——给孩子充分的授权

晚饭后，我对坐在沙发上看电视的儿子说："晓枫，今天你来洗碗好不好？"儿子听后连忙抗议说："不好！我不会洗碗。"我一早就料到他会这么说，只不过是不死心，想印证一下。既然结果不出所料，我只能换一个思路说："这样好不好，我们成立一个洗碗大队，给你一个小鬼当家的机会，担任大队长怎么样？"听我这么一说，晓枫来了兴致，问："大队长有什么权利？可以指挥你们吗？""当然，大队长负责给每一个人安排任务，我们都听你指挥。"果然孩子都有当"头儿"的欲望，尤其是男孩。在确定了自己的领导地位之后，晓枫马上进入角色："那这样吧，今天妈妈洗筷子、爸爸洗碗和盘子，都听明白了吗？""是的，遵命！"我和孩子爸爸齐声说。

第二点，服从安排，认真完成自己的任务

在接受了任务之后，我和孩子爸爸马上进入工作状态。虽然孩子爸爸觉得晓枫的工作安排很不合理，一堆碗、盘子对比于3双筷子明显工作量过大，但我们还是很认真地完成了自己的任务。晓枫也没闲着，煞有介事地来到厨房巡视，监督我和他爸爸的工作，时不时还会评论几句："我觉得妈妈干得又快又好。""爸爸你可要加油哦！""不错不错，我很满意。"

第三点，寻找合适的时机给孩子提意见、讲方法

洗完碗后，一家三口坐在沙发上休息，我说："呀，今天收拾碗筷的速度比昨天快了5分钟，看来晓枫领导有方啊！"他爸爸也来"煽风点火"，说："嗯，的确！儿子你要再接再厉。"晓枫一听，原来自己这么"厉害"，喜不自胜。"妈妈倒是觉得晓枫还有很大的进步空间，如果你把我和爸爸的工作量分配得更加均匀，那我们肯定还会更快一些；如果你也能加入到劳动中，那3个人的力量肯定会更大。你说对吧？"

我和爱人趁着晓枫的热情高涨，赶忙趁热打铁，提意见、讲方法。果然，之后晓枫也加入到劳动中来了。领导者不是天生的，是培养出来的。在这个过程中家长要讲究方法，支持他、帮助他，让孩子觉得"当领导并不难，而且自己领导有方"，以后才更喜欢来当领导。

积极心理学认为：每种优势都有先天成分，但更需要的是后天的培养和提升。在家庭生活中，家长可以给孩子一个"小鬼当家"的机会，按照他的安排去完成任务，然后寻找合适的时机把孩子也带入到劳动中来，这样孩子不但毫无怨言，而且还会兴致勃勃。

三个和尚"有"水吃——爱做家务的孩子更善于合作

过去，人们常说"一个和尚挑水吃，两个和尚抬水吃，三个和尚没水吃"。如今，山上有三座庙，每座庙里都住着三个和尚，但是他们的观念变了、做法变了，每座庙里都有吃不完的水。

第一座庙：三个小和尚开动脑筋之后决定把打水的路程分成三段，然后通过抓阄各自选择一段，最终通过接力的方式完成打水任务。很快，水缸就被灌满了。

第二座庙：三个小和尚计划采取轮流挑水的方式，他们拟定了一个值日轮流表，然后按照计划轮流挑水。另外，他们决定给每个人挑水的过程计时，累计时间最短的人每月可以得到一天的休息机会，这一天由另外的两个小和尚去抬水。于是，每天值日的小和尚都争分夺秒、脚底生风，不一会儿就把水挑满了。

第三座庙：三个小和尚打算借助工具助自己一臂之力。他们想：山上的

竹子这么多，我们干吗挑水呢！不如砍一些竹子，打通它，制成一个水槽，然后在河边建一个辘轳。第一个和尚摇辘轳，水桶上去了；第二个和尚站在高处，把水桶里的水倒进漏斗，灌入水槽；第三个和尚在庙里接水，把水缸装满，并且每三天一次轮换。说干就干，三个人通力配合很快就把水槽和辘轳建好了，从此打水变得轻松多了。

三座庙的小和尚打水的过程都没有墨守成规，而是选择协调配合，运用有效的激励措施并且制造了省力的工具，让原本"三个和尚没水吃"的魔咒彻底被打破。

巴尔扎克曾说："单独一个人可能灭亡的地方，两个人在一起可能得救。"这里的"一""两"并不是在单纯地强调数量，而是为了说明合作的重要性，三个小和尚正是通过合作才保证了庙里有吃不完的水。虽然我们的孩子不是小和尚，也不用为了打水吃而烦恼，但是同样需要在生活中学会与人合作。美国明尼苏达大学的马蒂·罗斯曼教授认为：培养孩子的合作意识并不需要进行专门的训练，让孩子做家务就可以了。与不做任何家务的孩子相比，爱做家务的孩子和朋友及家人普遍相处得更好，更善解人意，更善于合作。

1. 爱做家务的孩子学习能力更强

学习能力是合作的先决条件，任何一个团队想要齐头并进都需要互相学习、取长补短。家务虽然并不是什么高难度的工作，但其中还是有很多门道需要学习和钻研的。大多数爱做家务的孩子在从家长那里获得了基本的劳动技能之后都会主动地去探索、去思考、去研究，学为所用，这样的过程多了，学习能力自然而然就会提高。

2. 爱做家务的孩子沟通能力更强

做家务的过程中孩子难免会遇到各种问题，产生各种疑惑。为了能顺利完成任务，除了学习之外还要向家长寻求帮助："妈妈，怎么把玻璃擦得更亮啊？""水龙头上的水渍怎么去掉啊……"如何组织语言让自己的表述更加精准；采用什么样的语气会让人听着舒服；怎样表达才能让别人更愿意提供帮助……这些都在考验一个孩子的沟通能力。善于沟通的孩子一般都有极强的语言表达能力，能打动他人，也能让他人认可自己。

3. 爱做家务的孩子互动意识更强

"我们一起做好不好啊？""妈妈，咱俩比赛看谁做得好。"爱做家务的孩子互动意识都会比较强，因为他们在和家长的共同劳动中学会了站在他人的角度考虑问题，不以自我为中心，能够抓住彼此的特点，从而产生更有效的互动，赢得与人合作的机会。

三个和尚"有"水吃，善于合作的孩子，没有克服不了的困难。

做时间的掌舵人——在家务中学习高效地利用时间

为什么有的孩子有时间打篮球、看电影，文体活动样样不落，生活琐事也井井有条，而且能轻松地取得好成绩？为什么有的孩子夜夜秉烛，几乎割舍掉所有个人爱好，甚至以牺牲生活自理能力为代价，成绩仍旧很不理想呢？

当然，智力因素是其中的一项，但起决定作用的却是孩子对时间的管理和利用能力。

曾有一位管理专家给孩子们做过一个小实验：

专家拿出一个大玻璃瓶放在桌上，然后取出一堆鸡蛋大小的石块，把它们一块块地放进玻璃瓶里，直到石块塞满瓶口再也放不下为止。专家问孩

子："你们觉得这个玻璃瓶被塞满了吗？"孩子们异口同声地回答道："塞满了。"专家听后并没有急于下结论，而是变戏法似的又取出一些黄豆大小的小石子，慢慢地倒进玻璃瓶里，然后轻轻地摇晃玻璃瓶，使小石子填满大石块间的缝隙，然后问道："现在玻璃瓶被塞满了吗？"孩子们似乎明白了什么，用猜测的口吻回答说："可能还没有。"接下来，专家又拿出一杯沙子倒进玻璃瓶里，沙子填满了石块的所有间隙。他再一次问："现在玻璃瓶被塞满了吗？""没有！"孩子们笃定地回答。专家脸上露出了笑意，他拿过一瓶水倒进去，果然水又填充进了沙子的缝隙里。

时间就像"大瓶子"一样，对于每个人都是平等的，但每个人能够装进瓶中的"石块"和"沙子"的数量却不尽相同，对时间的利用效率不同导致了生活状态千差万别。所以说，时间的"数量"并不是最重要的，时间的利用"质量"才是最重要的，高效是拔尖的精髓！那么，怎样让孩子在日常生活中学习高效地利用时间、做时间的掌舵人呢？

1. 合理安排顺序，最重要的事情先做

一位企业高管说：我会将自己每天的工作分成三类，然后按部就班地完成。第一类是能够带来新生意、增加营业额的工作；第二类是维持经营状况、维持企业日常运转的工作；第三类是必须去做、但对企业和利润没有任何价值的工作。家长也可以建议孩子将每天要做的家务以及其他事情在脑子里过一遍，将这些事情分为"鸡蛋""黄豆""沙子"之类的级别，然后按照轻重缓急一件件去完成。

2. 充分利用琐碎时间，让时间积零为整

"你们都在家太碍事了，即使我现在把地拖干净也会被踩脏，等没人的时候我再做。"

"整理衣柜需要2个小时，我现在没有那么长的时间去做。"

"刷雪地靴需要专用工具，我现在没法做。"

"等我有时间了，就……"别说是孩子，就连大人也会用这个借口推脱，可结果怎样呢？常常是好长时间过去了还没有一点儿进展。没有整块时间并不是拒绝开始的理由，家务中乃至生活中的很多事都不需要整块的时间来完成。比如，在按下烧水开关等待水烧开的时候，可以拿起抹布将灶台擦拭干净；从冰箱里取东西的时候可以顺手将碰乱的物品放回原位，避免凌乱之后再整理的麻烦。这种在家务中培养起来的好习惯也可以迁移到学习上，每天饭后睡前少看一会儿手机，多翻两页书；等公交车的时候背两个单词……把事情化整为零，把时间集零为整，一点儿的改变都可能会带来受益终生的结果。

时间是有限的，需要按照主次顺序合理地安排任务；时间也是无限的，就像海绵里的水，只要愿意去挤，总还是会有的。我们不能奢望孩子的一天有 25 个小时，教会他高效地利用时间才是解决问题的关键，不要让他那些刚刚萌芽的好习惯囚禁于"等我有时间了"的空想里。

和孩子一起做家务——让家庭氛围更加温馨

父母几乎都有这样的体会，孩子小的时候总像小"跟屁虫"一样甩不掉，一旦进入青春期似乎就变了一个人，功课忙、朋友多、心情差……总之各种理由会让亲子时间越来越少。都说距离产生美，可遗憾的是亲子之间的距离却产生了"代沟"，再加上现在的孩子成熟得越来越早，父母常常是还没有在天伦之乐里缓过神来就被叛逆的青春期打了个措手不及。

初三的王凡已经住校半年了，美其名曰是为了"专心学习，努力备战中考"，实际上是想尽快地从爸妈的"魔爪"中逃离。用王凡自己的话说，"现在和爸妈已经到了无话可说的地步，家里的氛围让我窒息。除了吃晚饭的时候能聚在一起，其余的时间我们都是最熟悉的陌生人。"据王凡的室友反应：王凡和父母的关系的确不怎么亲密，从打电话的神态就看得出来，插科打诨、眉飞色舞、上天入地无所不谈的一定是朋友；从头到尾只有几句"嗯""知道了""挂了"，连眼睛都懒得从书本上移开的十有八九是爸妈。

和王凡情况相似的孩子并不少，他们都面临着和父母无话可说的尴尬处境。广州市黄埔区的一所中学曾做过调查，该校有高达 40% 的学生表示每天和父母沟通的时间不足 15 分钟，有些学生甚至因为找不到共同话题而拒绝和父母一起吃饭。有人说，问题总是短暂的，随着年龄的增长，孩子和父母之间的关系会由疏离重回紧密：大约 10 岁之前是孩子对父母的崇拜期；青春期开始进入轻蔑期；30 岁左右步入理解期；40 岁之后才逐步走入深爱期。

难道父母能做的只有等待吗？现在的孩子似乎都长得太快了，刚刚才听到他的脚步声可一抬头却只能看到背影。单纯的等待并不是弥合亲子关系的良方，长期缺乏沟通只会让父母和孩子的距离越来越远。不沟通不行，沟通孩子又不愿意听，这可怎么办才好？当语言沟通失效的时候，父母不妨尝试一下非语言沟通，就像下面故事中的陈妍妈妈一样：

陈妍的爸爸是大学教授，上班搞科研、下班写论文；妈妈是妇产科医生，风风火火、来去匆匆；只有陈妍稍微清闲一点，刚熬过中考，高考的压力还有很远。陈妍小的时候，每到周末父母都会忙里偷闲，带着陈妍去公园、游乐场、博物馆等，可这样的日子已经好久都没有发生过了。渐渐地，三个人之间的对话越来越少，起初还能讲一讲身边的趣事；后来就只有互道晚安了。爸爸妈妈想和陈妍说些什么却又不知从何说起，搁置久了，也就不想说了。

偶然的一次，妈妈看见陈妍的屋子乱糟糟的就过去收拾，她看到满屋子的新海报不禁感慨：这是多久没和妍妍谈心了，看来之前的"爱豆"已经是过去时了，妍妍又换了新"男朋友"。正想着的时候陈妍回来了，陈妍见妈妈对着海报发呆后不好意思地笑了笑，仿佛在说"小秘密又被你看穿了"。放下书包后，陈妍开始和妈妈一起收拾屋子，擦桌子、叠衣服，合作换了新床单、擦了地板，然后又转移阵地去了客厅。原本爸爸正窝在沙发上看文献，看母女俩热火朝天的阵势也加入了劳动的阵营。爸爸转身到墙角去拿吸尘器，左手抓着吸尘器探头，右手用力移动沙发，可由于受到位置的限制使出的力道总是不够。陈妍眼疾手快，给爸爸搭了一把手，沙发被顺利地移开了。爸爸拍了拍陈妍的肩膀，说了一句："长大了！"

这天的晚饭吃得特别温馨，虽然仍旧是话不多，但一家三口其乐融融。晚饭后，陈妍负责擦桌子，爸爸主动请缨去洗碗，而妈妈则在一旁帮忙把洗好的碗筷擦干净。以前吃饭的时候大家都面无表情，陈妍端着碗看电视；爸爸一个人喝闷酒；妈妈虽然偶尔和爸爸聊几句，但大多前言不搭后语。看到今天难得的融洽氛围，妈妈为自己不经意的小举动得意不已。

美国语言学家艾伯特·梅瑞宾提出过一个著名的沟通公式：沟通总效果 =7% 的语言 +38% 的音调 +55% 的面部表情，由此可以看出非语言沟通的重要性。当父母和孩子之间的距离渐行渐远时，盲目地语言交流并不是一个好办法，这时不妨就像陈妍妈妈一样安安静静地和孩子一起做会儿家务。劳动可以让人精神放松，进而敞开平时紧闭的感情大门，每个人埋头于自己的工作、各司其职，需要帮忙的时候就相互搭把手，相视一笑也许会解决很多问题。

　　美剧《摩登家庭》里有一句台词说："原本我们遇到的都是卓越的人，只不过随着时间的流逝，我们只看到了对方的平凡。"生活就是这样，再亲密的关系也会随着时间的流逝而疏离，这时就需要有人站出来，无论是父母还是子女，伸出手，迈开腿，让一起做家务成为亲子关系的弥合剂。

第六章

如何引导孩子
爱上做家务

　　让孩子做一次家务很简单，但要让他养成积极主动的好习惯却并不容易。孩子做家务的热情就像一棵小树苗，而好习惯就如同一棵大树，想要把小树苗培养成大树就需要合理的"浇水"和"施肥"。这时父母就需要尝试着做一个"园丁"，抓住孩子做家务的敏感期，采用合理的方法，掌握有效的沟通方式，渐渐地把孩子的热情培养成习惯。

孩子做家务的热情远超过我们的想象

　　家长在讨论孩子是否应该做家务的时候，常常会忽略一个关键的问题：孩子是否有做家务的愿望？这话茬儿一旦被提起，相信细心的家长都会回忆起孩子在很小的时候就已经开始对大人手中的扫帚、拖把、抹布等生活用品产生浓厚的兴趣了。

　　童童今年3岁，是一个"乐天派"的小女孩，总是喜欢蹦蹦跳跳，在人前展示自己的舞姿和歌喉。爸爸妈妈发现，除了唱歌跳舞之外，童童最近又萌生了一个新的兴趣——做家务。每当妈妈扫地的时候，小童童都会放下手里的玩具，屁颠屁颠地跑过去和妈妈来一场"扫帚争夺战"，如果妈妈不肯撒手，童童就会坐在妈妈的脚上、抱住妈妈的腿，一副"打也不走"的模样。一旦妈妈"缴械投降"，把扫帚交到童童手上，童童立马就笑开了花，提着比自己还高的扫帚满屋子"搞卫生"，直到把家里搞得"旧貌换新颜"才肯罢手。看着童童颤颤巍巍、气喘吁吁，但却满脸陶醉的样子，妈妈真是觉得又好气又好笑。

　　生活里有很多像童童一样的孩子，他们对家长买的玩具似乎并不"感冒"，反而对像扫帚、拖把之类的生活用品格外好奇。这是因为随着孩子的成长，他们需要与世界建立联系，而日常生活用品恰恰是建立联系的好渠道。看到大人扫地，他们也要扫；看到大人擦桌子，他们也要擦；看到大人洗衣服，他们也会煞有介事地卷起袖管。正是出于这种建立联系的需求，孩子对家务往往表现出我们难以想象的热情。在孩子的眼里，做家务就是"工作"，这样的"工作"提供了一个与大人互动、与世界互动的好机会，能让他们产生一种前所未有的参与感和被重视的感觉。

除了这种建立联系的需求之外，孩子还能够通过做家务来获得成就感和满足感，我们来看看一个三年级孩子做家务的感受：

我今年上小学三年级，别看我年纪不大，但会做的家务可不少。扫地、擦桌子、倒垃圾、打鸡蛋、叠衣服、整理书包、整理书柜等统统不在话下。我从来都不觉得做家务是一件"苦差事"，相反还感觉格外快乐和有趣。我最喜欢做的事情是打鸡蛋，每次看见妈妈从冰箱中拿出鸡蛋，我就会跑过去跟妈妈说："妈妈，让我来帮你！"我会先把鸡蛋放在碗边缘轻轻地磕一磕，沿着蛋壳的裂纹小心翼翼地掰开，把流出的蛋清和蛋黄都倒进碗里，加点儿盐，然后用打蛋器顺着一个方向使劲地搅拌，搅着搅着，透明的蛋清就不见了，真是神奇！我很想搞明白为什么刚打出来的蛋清是透明的，搅拌之后就没有了呢？还有为什么用锅煎熟的蛋黄是很有嚼劲的，但用水煮熟的蛋黄就变成"粉状"了呢？还有，究竟是"先有蛋还是先有鸡"呢？哈哈，鸡蛋还真是有趣。

除了打鸡蛋之外，我还很喜欢整理书柜。有一次我打开书柜，突然一堆书掉了下来，虽然我反应快躲过了两本，但还是有一本书特别厚的《汉语词典》砸到了我的脚上，害得我的脚肿成了一个"大馒头"。从那以后，我都会把看过的书一本一本地放好，只有这样才不会再次被书"攻击"，同时也能保护好我的书。再告诉你们一个小秘密，我还会帮妈妈给电动车的电池充电，以及做一些拧紧松掉的螺丝、给车胎打气之类的工作。其实我并不是多喜欢和电动车打交道，主要是觉得妈妈很辛苦，我这样做能够减轻妈妈的一些负担，所以我很乐意，也很骄傲。

孩子可能会因为各种理由燃起做家务的热情，和周围建立联系、满足好奇心、获得成就感、表达关爱……而我们要做的就是及时地捕捉这种热情，点燃这种热情。诚如爱尔兰诗人叶芝所说："Education is not the filling of a pail, but the lighting of a fire."（教育不是灌满一桶水，而是点燃一把火。）希望每一位家长都能点燃孩子内心的热情之火，照亮他未来的生活。

"三步走"——引导孩子爱上做家务

既然孩子很早就对做家务萌生了浓郁的热情，那为什么在他们年龄稍长之后却又不爱做家务了呢？是孩子自己主动把这份热情搞丢了，还是有谁把这份热情偷走了？

在第一章中我们提到过，孩子不爱做家务主要有以下三点原因：

第一点：做家务不再有新鲜感，不像做游戏那样有趣。

第二点：父母的强迫，让孩子变得抗拒、逆反。

第三点：孩子的劳动没有得到鼓励和肯定，反而遭到父母的轻视甚至否定。

所以说，孩子不爱做家务很大程度上是情绪问题，而非父母通常所认为的态度问题。这种情绪问题产生的主要原因是家长没能把握住孩子的心理，家长的"要求"和孩子的"需求"背道而驰，孩子自然对做家务越来越没有兴趣。

那怎样才能重新燃起孩子做家务的兴趣呢？家长不妨尝试如下"三步走"的方法：

第一步：用眼睛去发现、寻找问题的原因

孩子不爱做家务时往往会找出各种各样的"理由"，家长要做的就是通过细致的观察来寻找潜藏在孩子"理由"背后的真正原因，然后"对症下药"，将问题各个击破。

理由 1："太难了，我不会做。"

孩子给出这样的理由时，表面上是在强调自己的劳动技能不足，其实背后还暗含着这样的两个"需求"：第一，渴望得到父母的指导和帮助；第二，担心自己做不好会受到家长的指责。如果父母愿意花时间去观察，就会发现孩子在给出"太难了，我不会"这样的理由时往往言语闪烁、犹豫不决，表现出一种畏难情绪。

这个时候家长切记盲目地指责孩子"笨"或者"懒"等，而是应该示范给孩子怎么做，然后和他一起做，并且一定要告诉他"重要的是过程，而不是结果"。给他一颗定心丸，孩子自然就会放下思想包袱，用积极的情绪去面对家务。

理由 2："我还要做别的事，哪有时间做家务。"

的确，现在的孩子学习压力比较大、功课比较紧张，如果孩子真的是由于"没有时间"而偶尔拒绝做家务的话，家长一定要给予理解和包容，孩子的学习压力已经很大了，千万不能再给他过重的心理负担。但是，长期的"没有时间"就不一定是功课繁忙了，还可能是因为孩子不能合理、高效地规划和安排学习与生活。这个时候家长就不能再"退居二线"了，而是要帮助孩子把要做的事情都列出来，然后根据轻重缓急来厘清顺序，一件一件地解决。另外，如果孩子是因为"懒"等借口逃避劳动，家长也不能睁一只眼

闭一只眼，必须及时纠正他的不良习惯。

理由3："为什么总是我，为什么别人不做？"

这个理由就是典型的争取权利、反抗强迫的行为。随着孩子的成长，他对公平、对选择权的渴望开始觉醒，这时父母如果不能转换思路，还是一味地高压、强迫，那孩子自然会为了自身利益和父母"斗争"。当孩子习惯性地"唱反调""拧着来"时，家长一定要开始反省自己的表达方式了，尝试着把"要求"换成"建议"、把"命令"换成"询问"，孩子自然也会顺水推舟，达成一个折中的解决方案。

第二步：用身体去回应、迅速地采取措施

当找到问题的原因之后，家长要在第一时间做出回应，绝对不能拖延，因为拖延最直接的后果就是逃避，最后往往不了了之，极容易给孩子造成一种不良的示范，甚至还会助长孩子的懒惰行为。

那么，家长具体应该怎么做呢？

1.明确责任。如果家长想要孩子做家务，成为一个负责任的人，那就要把这种想法明确地告诉他。家长可以通过召开家庭会议的方式来将这种责任传达给孩子，让他知道作为家庭成员，无论年龄大小都要承担起属于自己的责任。

2.立好规矩。立规矩并没有好坏、对错之分，关键是要适合自己家庭的实际情况。比如，爸爸负责买菜、洗菜；妈妈负责炒菜、煮饭；孩子负责洗碗；周六全家人一起做大扫除。像这样把任务列成表格，落实到每个人身上，让孩子看得见、感受得到。要注意的是，一旦安排妥当就要严格执行，不要朝令夕改，更不要给谁"开绿灯"。

第三步：用语言去评价、进一步巩固好习惯

做家务和学习是一个道理，"温故"才能更好地"知新"。

　　根据家庭会议的最新意见，思齐负责晚饭后收拾餐桌的工作。起初，思齐常常忘记自己的"工作"，所以每次晚饭后妈妈都会提醒大家"各司其职"。慢慢地，思齐已经能够主动地把碗筷放进洗碗池，只是还不知道要把桌子擦干净，于是妈妈就对他说："思齐真棒！每次都会把碗筷摆放得整整齐齐。既然洗碗池整整齐齐，那桌面是不是也要干干净净呢？"思齐听了妈妈的话后，高兴地表示："那我下次一定把桌子擦干净。"在思齐把桌子擦干净之后，妈妈又对他说："思齐真厉害，一点就通！"在妈妈的鼓励以及启发之下，思齐现在已经能把收拾餐桌的工作做得很出色了，而且还主动提出要帮助妈妈洗碗呢。

　　孩子做家务的热情就像一棵小树苗，而好习惯就如同一棵大树，想要把树苗培养成大树就需要不断地强化和巩固。所以，在孩子完成一项家务之后，家长要及时地用语言去评价，指出哪里做得好、哪里需要改进，启发和引导孩子将热情培养成习惯。

"具体化"——把复杂的任务变简单

　　1984 年的东京国际马拉松邀请赛中，名不见经传的日本选手山田本一出人意料地夺得世界冠军。在赛后的采访中，记者问山田："取得如此惊人的成绩，你是如何做到的呢？"山田回答道："凭智慧战胜对手。"当时，不少人认为这个偶然跑到前面的矮个子选手不过是在"故弄玄虚"罢了，马拉松是体力和耐力的比拼，说靠"智慧"取胜实在难以让人信服。

　　多年后，山田一本在自传中解读了这个"智慧"的意义，他写道："起

初，我常常会犯这样的错误，习惯性地把目标定在终点，也就是40公里以外的那面旗帜上，结果跑到十几公里时就已经疲惫不堪了。40公里的赛程太长，我被这个无法完成的任务给吓倒了。后来，每次比赛之前我都要乘车把比赛的路线仔细看一遍，并把沿途比较醒目的标志画下来。比如，第一个标志是银行；第二个标志是一棵大树；第三个标志是一座红房子……这样一直画到赛程的终点。比赛开始后，我就以跑百米的速度奋力地向第一个目标冲去，等到过第一个目标后，我又以同样的速度向第二个目标冲去……40多公里的赛程就这样被分解成许多小目标，被我一段一段地轻松跑完了。"

在给孩子布置家务的过程中，我们的家长也会犯山田一本早期比赛时那样的"错误"，给孩子安排一些他无法完成的任务。比如，很多家长会说："来，把房间收拾干净。"这对于年龄较小的孩子来说就是一项无法完成的任务。"房间那么大，怎么收拾？""房间东西那么多，收拾什么？"孩子的生活经验和动手能力都有限，他哪里知道如何下手；即使他知道如何做，但他做的事情和家长的期望又是一样的吗？

所以，家长在给孩子布置家务的时候也需要向山田一本学习，用智慧来解决问题，尽量把复杂的任务具体化，找到家务中的"银行""大树""红房子"，让孩子一步一步地完成。那么，怎样把复杂的任务具体化呢？

1. 任务具体化

所谓任务具体化，就是把复杂的家务拆分成若干简单的小任务，就像剥洋葱一样，把大范围的概念一层层地分离。这里以"把房间收拾干净"为例，我们一起来看一下：

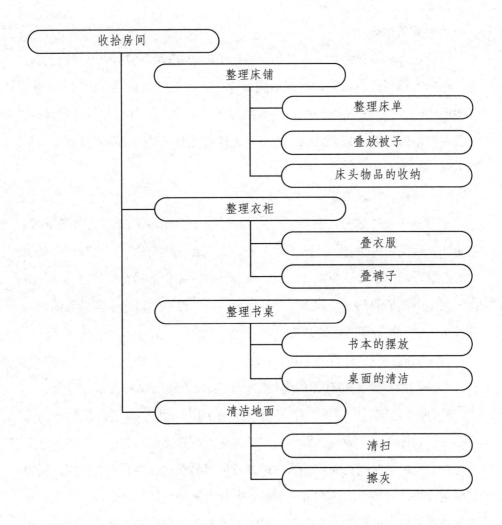

通过上图不难看出，收拾房间这个大范围的指令包含了很多琐碎的小任务：叠放被子、整理床单、叠衣服……如果对孩子说"把被子叠好""把衣服叠好""把桌子擦干净"，那孩子自然会很轻松地领会家长的意图，从而把每一项小任务做好。当孩子掌握了所有的小任务之后再交给他更复杂的任务，他就不会再产生"怎么收拾""收拾什么"之类的困惑，这就是任务具体化的力量。

2. 时间具体化

在把任务具体化之后，家长还要把孩子做家务的时间具体化。我们都知道，任何目标只有在限定的时间内完成才是有实际操作意义的，同一件事，在 10 分钟之内完成和 10 小时内完成的效果是完全不一样的，量化得再好，不设定时限的目标也是无效的。那么，怎样来把时间具体化呢？建议家长从以下两个方向入手：

（1）横向：注意和其他事情的协调

在给孩子安排家务的时候，一定要协调好孩子除了做家务之外的学习、娱乐、人际交往等时间，不能顾此失彼，也不能互相干扰。家长最好和孩子一起商量，切记不可因为麻烦、没必要等借口，完全依据自己的想法来行事而全然不顾孩子的感受。和孩子一起商量，不但能够增进亲子间的互动，还能教给孩子一些协调时间的办法。

（2）纵向：每一件事要"有始有终"

在协调做好家务和其他的事情之后，家长还要给每一种家务设置一个"起止时间"，比如，"晚 8 点之前把碗筷洗干净""半小时之内把鞋子刷干净"……为什么一定要这样做呢？相信很多人有过类似的经历：如果一件事情能够在规定的时间内完成，那这件事就不容易让人心生畏惧；否则，很容易引起反感。给孩子安排家务的时候，家长也不妨利用这种心理，让孩子知道他花在家务上的时间是有限的，家务并没有干扰到他的生活。同时，这样做还能提高孩子做事的效率，避免拖延，帮助他养成认真、专注的好习惯。

千万不要觉得这样"具体化"的过程很麻烦、见效慢，要知道习惯的培养本来就不应该急于求成。教孩子做事就像滚雪球，开始是一个小雪球，一点儿小变化、一点儿小进步，日积月累就是很大的收获，小雪球变成大雪球。只有把每一个细节做好，才能把一整件事做好。

做家务也可以像做游戏一样有趣

还记得那个粉面桃花的"小肉团"初来人间的情景吗？那时的他，流口水的样子都可爱；耍赖的模样都顽皮；甚至连哭声都很动听。但甜蜜的日子总是那么短暂，稍不留神小天使就变成了"混世魔王"，他开始抢扫帚、开始捣乱，无论是你想做什么还是你想教他做什么，他总是试图把有规矩的事情变得荒诞。父母一定想问：到底要怎样引导年幼的孩子规规矩矩地做家务呢？别急，我们先来看看小雨妈妈的做法：

女儿小雨从 2 岁开始就能有模有样地动手做家务了，周围很多妈妈都问我用了什么"魔法"才降伏了这个 2 岁的"小魔头"，其实哪里有什么魔法，关键是要有"套路"。

有一次，我在准备晚饭的时候一时间有点儿忙不过来，想叫女儿帮忙打下手，但就这么硬生生地说"妈妈需要帮忙"她肯定兴致不高，于是我故意大喊："哎呀，真好玩，小雨要不要过来看一看。"女儿本来正在房间里玩洋娃娃，一听见我说有"好玩"的，立马跑了过来，兴冲冲地说："妈妈，有什么好玩的啊，我也要玩。"

我一看"鱼儿"上钩，心中窃喜，但表面仍装作一副若无其事的样子说："我在给蒜宝宝脱衣服啊，天气这么热，我打算帮它洗洗澡。"女儿一听"蒜宝宝"，马上露出了好奇的神色，笑嘻嘻地说："我也要给蒜宝宝脱衣服，我也要给它洗澡。"

事情进展顺利，我继续"诱敌深入"，说道："小雨你行吗？如果弄不好的话会伤到蒜宝宝的，蒜宝宝会疼的。"女儿立刻小鸡啄米似的点头："我行的，刚才我还在给娃娃穿衣服、脱衣服，我会轻轻地，不会伤到蒜宝宝。"

我窃喜，但又卖个关子："这里一共有 10 个蒜宝宝，你要是只照顾其中

一个，其他的蒜宝宝会伤心的。""我一定帮所有的蒜宝宝脱衣服，不偏心。"女儿信誓旦旦地保证。

"套路"成功，该交代的事情都交代好了，我把蒜瓣放到女儿面前说："好吧，妈妈相信你，这些蒜宝宝就交给你了，你要好好照顾它们啊！"就这样，女儿用一双小手开始剥啊剥，很快，一个个白净的蒜瓣就剥好了。这是女儿学做的第一件家务，从此之后，我就变着花样地"套路"她，给玩具宝宝找家、给小雏菊喂水、给脏袜子洗澡……一件件、一桩桩，慢慢地她已经能做很多家务了，而且每次都兴致盎然。

小雨妈妈的所谓"套路"，就是把做家务变得像做游戏一样有趣，帮助孩子爱上做家务的过程，进而在家务中传递快乐、传授经验，达到教育的目的。正如教育家陈鹤琴先生所说："小孩是生来好动的，以游戏为生命的。多运动，多强健；多游戏，多快乐；多经验，多思想。"那么，除了小雨妈妈的做法外，还能怎样把做家务变得像做游戏一样有趣呢？下面就给父母推荐几个小方法，希望能抛砖引玉，帮助您营造一段快乐的亲子时光。

1. 大家一起来寻宝——整理杂物的好方法

父母大多会有这种感受，孩子的故事绘本、玩具、衣物、零食等往往会遍布家里的每一个角落，似乎永远也收拾不完。这时候父母就要"团结一切可以团结的力量"，准备几个收纳箱，并给每一个收纳箱取个名字，如"玩具收购站""零食辅子""绘本的家"等，然后让孩子在家中寻找散落的物品放在对应的箱子内。这样做不但会让整理的过程变得有趣，还能培养孩子的秩序感和归纳能力。

2. 我是卫生巡视员——培养孩子自律性的好办法

父母可以和孩子一起，每人轮流做一周的"卫生巡查员"。每天设定一个时间，如晚饭后10分钟、晚7点等，时间一到，"卫生巡查员"就提着小篮子在家里巡查卫生情况，把散落在各处没有放回原位的物品装进篮子里。

在巡查结束后，召开一个"失物招领"会议，被放进篮子中的物品的主人，如果想要把物品从篮子中拿出来的话就得做一种家务来把自己的东西"赎回去"，即便是父母也不例外。这样的活动能大大提高孩子的自律性，使其避免丢三落四的现象，养成物归原处的好习惯。

3. 和时间赛跑——竞争性的游戏更能调动孩子的积极性

一个人做家务往往很无趣，做着做着就会懈怠，这个时候父母就可以叫上孩子一起，开展一场"和时间赛跑"的亲子家务比赛，如比赛叠衣服、比赛刷碗、比赛整理书籍等，看谁做得又快又好，并给予胜利者相应的口头或物质奖励。这种竞争性的游戏更能调动孩子的积极性，让平淡的家务变得丰富多彩。

利用孩子的好胜心，给他一些新挑战

一个人的精力是有限的，但潜能却是无限的。当孩子在做家务的过程中表现出懈怠、厌倦、畏难等消极情绪时，家长就可以做一回"心理医生"，适当地运用激将法来激励孩子，将孩子心底的好胜心激发出来，促使他完成一些新挑战。就算父母的激将法被孩子识破了也没关系，微笑着表明你的用意反而会促进亲子关系向更融洽的方向发展。

周六的下午，三年级的丽娜正窝在沙发上看综艺节目，一边看一边评论说这期综艺节目没有以前的有趣。见状，正在打扫卫生的妈妈对丽娜说："既然没有意思，那过来给爸爸妈妈帮忙吧！"

丽娜噘起嘴说："打扫卫生更没意思，我还不如看综艺呢。"

"我看是不会吧，怕露怯才说没意思。"妈妈一边说一边对清洁鱼缸的爸爸使眼色。

"我看妈妈说的没错，承认吧，丽娜，我们不笑话你。"爸爸一副满不在乎的样子。

还没等爸爸说完丽娜就赶忙解释说："我不是不会，就是不想。上周班级擦玻璃，我干得可好了。再说了，我的房间都是自己收拾的，你们忘了？"

"哦。"爸爸一边答应着一边朝妈妈摊摊手，明显是不相信的状态。

妈妈则摇摇头说："真为你担忧啊，将来你自己生活的时候可怎么办？"

"怎么就和将来扯上关系啦？妈妈，你这简直是危言耸听。"丽娜气鼓鼓地说，"我不但会做，而且还能做得很好，肯定比爸爸好就是了！"

爸爸听后赶忙放下手里的活儿，提提嗓子说："那既然这样的话，咱爷俩比试比试，从茶几的位置分开，一人一半，看看谁能把地面擦得更快更净。你敢'应战'吗？"

"好，我接受挑战。"丽娜回答道。虽然表面看着信心满满，但丽娜的心里却在"打鼓"，虽然自己打扫过房间，但也只是整理一下书本、叠叠被子之类的，拖地、扫地都是妈妈代劳的，但一时骑虎难下，也只能硬着头皮比试比试了。

随着妈妈"预备，开始"的口令，丽娜和爸爸各自忙碌起来。爸爸眼疾手快，抢先"霸占"了家里唯一的拖把。没办法，丽娜只好用抹布擦了，她先把抹布浸湿、拧干，回忆着妈妈叠抹布的样子把它叠成方块状，然后弯下腰迅速地擦了起来。原本以为自己在速度上遥遥领先，可回头一看，丽娜发现很多擦过的地方又被自己踩上了新脚印。再看爸爸，一双大手握紧拖把左右摆动，还边擦边向后倒退着走，擦过的地面干净得像一面镜子。丽娜恍然大悟，迅速改变了策略，学着爸爸的样子从里往外有规律地移动抹布，擦过的地面果真干净了不少。最后，丽娜凭借着微弱的速度优势险胜。

"原来丽娜这么厉害，爸爸输得心服口服。"爸爸一边喘着粗气一边竖起拇指。

"看来我的担心是多余的，早知道丽娜这么厉害就不用比赛了，瞧给爸爸累的，快喝口水休息休息。"说罢，妈妈递给爸爸一张纸巾，并朝爸爸做了一个"胜利"的手势。

丽娜看着爸爸妈妈的"小动作"，瞬间领会了他们的用意，笑嘻嘻地说："原来你们两个是在'激将'啊！知道我好胜心强，故意的是吧。"原本对爸爸妈妈的"嘲笑"还有几分气恼，现在都烟消云散了。一家三口围坐在茶几旁，有说有笑地享受着劳动的喜悦。

适当的"激将"可以激发孩子的好胜心，使孩子产生一种奋发进取的"内驱力"，将他的潜能充分地挖掘出来，从而把原本看似难以完成的挑战巧妙地化解。但"激将"也并不是一个屡试不爽的好办法，家长在使用的时候一定要注意以下两个问题：

1. 把握好语言的尺度，不要对孩子造成伤害

家长在用语言"威胁""刺激"孩子的时候一定要把握好尺度，要随时观察孩子情绪的变化，当孩子出现愤怒、消沉等过激反应时一定要及时收手。另外，千万不要说一些诸如"我看别人家的孩子，哪个都比你强""你要是不做，我就不要你了"等伤害孩子自尊心的话，否则，不但不能激发孩子的好胜心，反而会造成亲子关系的疏离。

2. 许下承诺就要兑现，不要用空话来诓骗孩子

在激发孩子好胜心的时候，很多家长都会采用承诺的方式来"诱惑"孩子上钩，这样做虽然是一种比较有效的方式，但在许下诺言之前家长一定要考虑好这样的问题：自己能否兑现承诺。如果没有能力做到就不要轻易地把承诺说出口，一旦许下承诺就务必兑现。

如果父母食言，不把对孩子的承诺当回事，那孩子必定会非常失望。久

而久之，不但会影响亲子之间的信任，甚至还会给孩子造成不良的示范作用，让他觉得一个人可以不为自己说过的话负责、答应的事也可以不办，进而让孩子也变得不遵守诺言、逃避承担责任。

让孩子做家务，父母的沟通方式很重要

天津市的一所学校曾做过一项"你满意父母和你的沟通方式吗"的问卷调查，结果显示，约有52%的小学生、70%的初中生和72%的高中生选择"不满意"。在"如果可能，想不想换一下父母"这个选项中，竟有高达12%的学生选择"想换父母"。而在众多"为什么要换父母"的理由中，"太唠叨"成了孩子们口诛笔伐的主要"罪状"。

如果"唠叨"仅仅体现在简单的言语重复上还好，可是我们的父母偏偏要在唠叨的过程中夹杂很多"刺激"，如责备、挑毛病、找碴儿、和别的孩子对比等。下面我们来听听一些孩子的反应，留意一下他们口中的父母是否似曾相识：

小学三年级的张桦同学："我妈妈真唠叨！今天早上，妈妈6点钟就跑来喊我起床，喊一遍不够，还要喊很多遍，我都起来了她还要喊。于是我和她顶撞了几句，这下可把妈妈惹火了，从起床到收拾书包、从穿衣服到吃早饭，只要她能想起来的时候统统念叨了一遍。她越说我就越慢，也许她不唠叨我就不会有那么多问题了。"

初中一年级的陈涵同学："人家都是妈妈爱唠叨，我家里是爸爸妈妈一样喜欢唠叨，尤其是我爸爸。有一次我在卫生间洗校服，洗得久了点儿，结

果爸爸就不耐烦了：'不是教过你好多次了吗？要先放温水泡一泡，再用肥皂搓，搓的时候要用力……洗衣服这种不需要动脑子的事情都学不好，难怪学习成绩不好。'我就奇怪了，这明明说的洗衣服，怎么就扯到学习上了呢？他总这样打击我，搞得我一点儿自信都没有。"

看到了吗？唠叨不但没有效果，反而会影响孩子做家务的积极性。唠叨的过程，表面是在向孩子传授方法，实际上是一种毫无作用的"伪沟通"。为什么这样讲？首先，唠叨会向孩子传递一种"不信任"的信息，这种不信任既是对孩子的不信任，又有对自己的不自信。长此以往，父母自然很难在孩子面前树立威信。其次，唠叨会向孩子传达一种急于求成的处事态度，父母本来就没有留给孩子足够的时间，中间又过来催促、干扰，孩子既难以做好又畏惧责备，只能舍本逐末，敷衍了事。再次，唠叨的父母不懂得倾听，只知道一味地强化、灌输自己的要求，而不去理会孩子的真实需求。往往会出现说得越多做得越差、做得越差说得越多的恶性循环。

那让孩子做家务，怎样的沟通方式才最有效呢？

1. 尽量使用正向的表达方式

所谓正向的表达方式，就是你希望孩子怎样就告诉他怎样，比如：

（1）在刚开始计划教孩子做家务的时候：

与其说：为什么别人家的孩子都能做，你就不能做？

不如说：做家务是一件很重要的事情，咱们一起做吧！

（2）在孩子对做家务的热情低迷的时候：

与其说：我看你态度消极，是不是很不情愿啊？

不如说：和我说说你的想法，咱们一起讨论一下。

（3）在孩子频繁出错，总是做不好的时候：

与其说：都说过这样是错的了，瞧你干的好事！

不如说：让我再来给你演示一下正确的做法，注意看啊。

（4）在孩子很努力，但仍旧没有成效的时候：

与其说：瞧你做得那么差，还不抓紧多做几次！

不如说：没事儿，慢慢来，过程往往比结果更重要。

（5）在孩子出色地完成一件事，满怀期待的时候：

与其说：这点小事算什么，不要沾沾自喜。

不如说：你做得很棒，为你鼓掌，还要再接再厉！

正向的表达方式能够拉近彼此的距离，让孩子在心情愉悦的情况下接受家长的教导和帮助。与其说那么多怒其不争的"心里话"让孩子反感，还不如摸准孩子的脉，讲一些善意的"谎言"来得更有效。

2. 勤于示范而不是勤于唠叨

相比于"言传"，"身教"绝对是教孩子做家务的不二选择。为什么这样说？让我们一起来看一个"两位妈妈教孩子洗碗"的故事：

同学小霞，终于学会了洗碗，我听后不忘揶揄她："你这是受到了高考的洗礼突然懂事儿了，还是你妈妈的唠叨显灵了？"她听后一本正经地回答："哪有的事，是姑姑教的。"

小霞去姑姑家住了几天，准备晚饭的时候，姑姑让她进厨房帮忙，而她却"身在曹营心在汉"，一心想着和哥哥玩。姑姑也没多说什么，就让她去玩了。晚饭后，姑姑笑眯眯地说："我的工作做完了，剩下的工作交给你们两兄妹了。"第一天，她不情愿地进了厨房，然后自由发挥，把姑姑交给她的碗洗了。灶台、水池里的垃圾、地面的垃圾都没管，姑姑也什么都没说。第二天、第三天也是一样，到了第四天，姑姑没开口小霞居然开始主动洗碗了。趁着小霞劳动热情高涨，姑姑走过来对她说："小霞，洗碗其实除了碗，还有灶台、水池、地面，这些油污比较重的地方，每天都要擦一擦才能保持干净、整洁。"姑姑一边说一边做，两个人在愉快的氛围里做完了厨房里所有的清洁工作。

不到一个星期的工夫，小霞已经能把厨房清理得很干净了。她说："其实洗碗这件事一点儿也不难，姑姑讲的方法妈妈都讲过，我只不过是不喜欢妈妈一直在我耳边唠叨个没完。即使我洗完了她也会挑各种毛病，搞得我没有一丁点儿的成就感。"

看到了吗？"勤"教育不一定是好教育，勤于唠叨、讲大道理、挑毛病不但不会起到积极的效果，反而适得其反，将孩子原本的劳动热情消耗得精光。像小霞的姑姑一样，"勤"在观察、寻找方法，才能在山穷水尽的时候，又见柳暗花明。

多夸奖、多表扬，被鼓励的行为会变成习惯

"妈妈！妈妈！我在班级整理内务的比赛中得了第一名！"雯雯兴奋地对妈妈说。

"哦！是嘛，还有整理内务的比赛。"妈妈轻描淡写地回答道。

"当然有了，每年住校生都会有一次整理内务的比赛，叠衣服、叠被子、收拾书本，内容可多了呢！老师还夸我是个劳动小能手呢！"雯雯越说越欢喜，脸上挂着得意的笑容。

"噢，这些不是都教过你了嘛，自然是要会的。今天留作业了吗？快去做作业吧！"妈妈丝毫没有被雯雯的快乐感染，一副无动于衷的样子。雯雯心里特别失望，闷闷不乐地回到了房间。雯雯不明白，为什么自己得了第一名妈妈还是不高兴，一句夸奖都没有？如果这样的话，那自己又何必那么努力呢？

很多时候，父母真是一个矛盾体，孩子做错了一件事的时候有一千种解决办法，但孩子做好了一件事时反倒手足无措。有多少父母像雯雯妈妈一样，面对孩子的成绩时不是拍手叫好，而是仅以简单的"哦""知道了"敷衍了事，仿佛一个"鼓励无能"的人。

要知道，好孩子是鼓励出来的。父母的一言一行都在潜移默化地影响着孩子，一句表扬、一声赞美，看似微不足道的鼓励其实远胜于苦口婆心的教导、声嘶力竭的责备。被鼓励的行为会被强化，有意的抬高和积极的暗示会让孩子产生强烈的自豪感和满足感，进而将这种情感转化为一种"内驱力"，对好习惯的养成起到促进的作用。

美国有一位叫普利兹尼的物理学家，他小时候成绩很差，有一次物理考试只得了8分，但老师并没有嘲笑他，反而说很看好他，希望他再接再厉。下一次考试，普利兹尼得了28分，还是没有及格，于是老师又想出了一个好办法：奖励进步最大的人，结果28分的普利兹尼成了这个幸运的人。就这样，在老师的巧妙鼓励下，普利兹尼对物理产生了极大的学习热情，最后成为一位物理学家，这就是鼓励的力量。

那么，鼓励就是泛泛地夸奖吗？当然不是，鼓励也有门道。

1. 不能泛泛而夸，一定要有针对性

家长们要遵循的最重要的一条鼓励的原则就是不能泛泛而夸，不要只对孩子说"宝宝好棒""宝宝真厉害"，这样做开始会有效果，但时间一长孩子就会觉得厌倦，甚至认为父母是在敷衍自己，从而大大地削弱鼓励的价值。鼓励的目的是让孩子知道"我已经能够做好这件事了"，所以一定要有针对性、要指明原因，比如，"宝宝把玩具全部放进了盒子里，宝宝真棒！""宝宝居然能自己穿裤子了，真厉害！"这样孩子就能明白自己是因为什么被夸奖，从而能更好地重复被鼓励的行为，渐渐养成好习惯。

2. 鼓励的方式最好要多元化

在对孩子进行鼓励时，父母不但可以用"你真棒""真厉害""干得不错"等语言形式，还可以通过肢体动作来鼓励孩子，一声爽朗的笑、一个温暖的拥抱、一记脸颊上的轻吻等都能让孩子更快乐。除了上述的精神奖励之外，适当的物质奖励也是不错的选择。如果能将物质奖励与精神奖励相结合，交替进行，让鼓励的方式多元化就再好不过了。

3. 不能一边夸奖一边重复孩子的劳动

夸奖一定要出于真心，切记不要刚夸奖完孩子"你真棒，灶台擦得真干净！"回过头来却马上重擦一遍。这样只会让孩子困惑，不清楚自己究竟做得好还是不好，甚至会伤害到孩子的自尊心。试着找出孩子值得称赞的地方，即使找不到，说一句"我欣赏你做事的精神"也比一边假意夸奖一边重复孩子的劳动要好得多。

4. 利用孩子的愧疚心理也未尝不可

童话大王郑渊洁曾表示，自己就是被父母"夸"大的，当他犯了错误的时候，如果父母能打他一顿，那他就会觉得这事"摆平"了；但如果得到的是理解甚至是"夸奖"，自己一下子就感觉"欠"他们的了，下次就会"悠着点儿"，尽力改正不好的习惯。父母们不妨尝试一下郑渊洁父母的方法，

利用孩子的愧疚心理，少责备、多鼓励，让他们主动检讨自己的行为，去糟粕、取精华，把好行为变成好习惯。

"大鸟依小人"，给孩子一个"逞强"的机会

在陪伴孩子成长的过程中，许多父母都习惯于扮演一个无所不能的角色，也希望孩子和自己一样，十八般武艺傍身，但往往事与愿违，父母越强孩子反而越弱。为什么会这样？曾参与过少儿频道《成长在线》栏目的教育专家兰海表示："当孩子面对一个无所不能的人时，他只有两个选择，一个是学习这个无所不能的人，把事情做到完美；另一个选择就是什么都不做，因为这个人什么都能做！"遗憾的是，有相当一部分孩子都做了第二种选择：

刘岩的人生"热词"就是软弱、缺乏主见。从幼年到成年，几乎他的每一件事父母都要过问，几乎每一个决定父母都会参与。由于事事求助于父母，刘岩从小到大都没有什么主见，甚至不敢主动跟别人交流；即使被搭话，假如别人声音提高八度，他就会不自觉地降低八度。毕业后，刘岩的工作是爸爸托朋友帮忙找的，女朋友是妈妈找人介绍的。临近结婚的时候，女朋友突然提出分手，因为她不明白：明明是自己跟刘岩结婚，为什么婚房怎样布置、摆酒请哪些人、婚纱照在哪拍、蜜月该去哪过，刘岩都要听父母的安排。父母觉得好，刘岩就觉得好，刘岩仿佛就是父母手里的提线木偶。

强悍的父母，给不了孩子彪悍的人生。对于孩子来说，来自父母的"我

不会"可能会比"我可以"更有魔力，父母何不顺势而为，"大鸟依小人"，给孩子一个"逞强"的机会？

一天午睡后，甜甜钻出被窝、穿上鞋子，像往常一样拿着衣服来找妈妈帮忙穿。妈妈帮甜甜把衣服穿好，但却没有给她拉拉链，想试着让她自己来做。不出所料，甜甜低头看了一下敞开的衣襟后对妈妈说："妈妈，帮我把拉链拉上好吗？我不会。"妈妈也没拒绝，但只是在拉链的位置摆弄了一阵儿，然后无奈地摊摊手说："哎呀，妈妈今天手指疼，也拉不上，妈妈记得幼儿园里教过的，你能试着自己把拉链拉好吗？"甜甜看了看妈妈，低头琢磨了一阵，小声嘀咕着幼儿园里学过的儿歌："手拿小钥匙，插进小锁洞。捏紧小钥匙，小门关关好。"儿歌唱过后拉链也拉好了。妈妈心里窃喜，还真的"感谢"这次手指"受伤"的小意外，自己变弱了，孩子却变强了。

父母如果能够在孩子面前表现得"弱"一点儿，让孩子有一种"我比爸爸妈妈还厉害"的感觉，那他的兴致自然会节节高涨，热情高了，信心有了，做事的动力也就来了。一边感受快乐一边健康成长，这不正是父母所追求的吗？那么，父母应该怎么做呢？

1. 装"笨"卖"弱"

父母要给孩子制造做家务的机会，在适当的时候装装笨，向孩子发出"SOS"的信号。比如，"妈妈择菜总是择不干净，你能帮帮我吗？这样我们就可以在爸爸回来前准备好饭菜等他了"。向孩子寻求帮助，不仅可以让他学习到更多的劳动技能，还能培养他的责任心。

2. 借"病"发挥

在周末等时间充裕的时候，父母完全可以对孩子说："今天我的手不太舒服，你能帮我提水浇花吗？""今天我头有点儿疼，你能帮我准备早饭吗？"这种作用于孩子同情心的方式远比言语命令要有效得多，孩子会觉得

自己在助人为乐，而不是迫于压力完成任务。

周六早晨，妈妈对萌萌说："萌萌，我的头有些疼，你能和我一起做早饭吗？"萌萌听后关切地问道："妈妈，你是不是感冒了？"边说边把手伸向妈妈额头，试探到有些发热之后，萌萌转身跑到客厅拿来了感冒药和热水，对妈妈说："妈妈先吃药吧，然后躺下睡一觉。我应该会做早饭，如果不会的话再来问你。"妈妈躺在床上感叹：这真是幸福的感冒啊。

3. 装作"没看见"

就像"父母越哄孩子哭得越凶"一样，教孩子做家务时父母插手越多孩子学得越慢。在孩子遇到困难的时候，父母也不必每一次都挺身而出，不妨装作"没看见"，给孩子充分的时间，让他去思考、去探索，靠自己的力量解决问题。父母退一步，孩子进一步，这就是成长。

战胜拖延症，父母积极的态度会影响孩子

我们看到，一些小小年纪的孩子已经是重度拖延症患者了：起床拖延、穿衣服拖延、收拾书包拖延、上学拖延……拖延已经把魔爪伸向了孩子生活的方方面面，无论做什么他总会用"等会儿""马上就来"等借口搪塞。必须做的事情不断地被无关的事情"插队"，原本按部就班就能轻松完成的任务只能被拖到最后一刻敷衍了事。建议正在看这本书的父母，赶紧把患有拖延症的孩子"捉拿归案"，让他看看下边的表格，能不能寻觅到自己的影子。

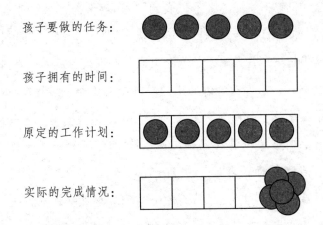

　　从图中可以看出，假设孩子要完成的任务为5个圆球，而孩子拥有的时间对应着5个方格，按照原定的计划，孩子应该在规定的时间内完成相应的任务，每一项任务对着相应的时间格子。但在现实生活中，孩子往往不在相应的时间完成相应的任务，反而会把多项任务集中在最后的时间格内完成。这就造成了任务的积压和效率的低下。在这种情况下，孩子任务完成的质量往往也很难得到保证。这就是孩子做事拖拉的典型表现，尤其是在做家庭作业方面。

　　曾有一位网友发帖问其他父母："孩子为什么总喜欢拖延呢？"得到的绝大多数回答都是："因为现在的孩子比较懒啊！"难怪父母会一边责怪孩子一边感慨："我这么勤快的人怎么生了你这么个懒孩子呢？"这样的说法表现出父母的无辜，然而，事实真的如此吗？我们先来看一个小故事：

　　6岁的涛涛是个活泼开朗、聪明可爱的小男孩，但他却有个让妈妈抓狂的毛病——做事喜欢一拖再拖、找借口、有时候还会抱怨。比如，他刚玩完积木，妈妈让他收拾起来，他总会说，"过一会儿再收，我还玩呢！"可是过了一会儿，妈妈发现涛涛并没有收拾，于是再次提醒他，涛涛就会找借口说："我累了，我想休息一下。"如果妈妈再催促的话，涛涛就会抱怨说：

"哎呀，都说了休息一下，怎么总催我啊。"妈妈忍无可忍，冲着涛涛吼道："也不知道你跟谁学的，这么懒！"涛涛满不在乎地回答："跟妈妈啊。"这话可着实把妈妈气得不行，眼看着母子大战一触即发，忽然，电话铃响了。

妈妈接起电话，原来是涛涛的小姨。涛涛妈妈和小姨打算一起把家里换季的雪地靴拿去干洗，数量多会更优惠一些。小姨打电话过来是想问一下涛涛妈妈打算什么时候去，涛涛妈妈回答道："我还没想好呢！过几天吧。鞋店有点儿远，我懒得动。再说了，下一个冬天还要那么久才到，着什么急啊？"小姨听后长舒一口气："那我就安心了，本来以为就我一个人懒得动呢……"两人交流完干洗鞋的事后又寒暄了几句。妈妈这边刚挂断电话，涛涛就凑过来嘟囔："妈妈拖拖拖，我也拖拖拖。"说完还朝妈妈吐吐舌头。听了涛涛的话后，妈妈心里"咯噔"一下，脸瞬间红得发烫。

拖延并不是孩子的专利，而是现代人的通病。拖延也不完全是因为懒，更多的时候是一种态度问题。很多父母也和自己的孩子一样有拖延的毛病，即使有一部分人表面看似雷厉风行，但也并不是因为喜欢，而是为了完成任务等不得已而为之。这个不得已的过程往往伴随着负面情绪，一面发牢骚一面做，这就会给孩子一种错误的示范，让孩子觉得很多事"不是我自己想做，而是为了获得奖励、逃避惩罚才被迫去做的。"怀抱这种心态，孩子在面对事情时会不由自主地逃避，拖延也随之而来。

自从意识到了自己的问题之后，涛涛妈妈就开始有意识地扭转态度，并为自己制订了一个四步走的"对战拖延方案"：第一步，将"不得已"的态度扭转为"主动出击"；第二步，列出每日工作计划；第三步，每晚检查工作进展情况；第四步，给自己一定的奖励，强化积极工作后带来的满足感。虽然刚开始的时候很不适应，但渐渐地涛涛妈妈发现，相比于束缚，这份方案带给自己更多的是愉悦感和满足感，原本千头万绪的生活似乎一下子变得秩序井然了。更令人欣喜的是，涛涛在妈妈的带动下也逐渐改掉了拖延的毛病，几乎只用叫一次就会把凌乱的积木收拾好，有时候甚至不用督促也能主动去做了。

家庭教育，是帮助孩子成长的过程，也是父母自我完善的过程。面对孩子做家务拖延的毛病时，父母除了从孩子的角度找原因，更应该从自身出发，用积极态度来影响孩子，让他明白做家务是自己的事，而且是快乐的事。当孩子能真正地静下心来沉浸在家务的过程中时，那目标的完成也就是近在眼前的事了。

第七章

各个年龄段
应做家务表

　　教孩子做家务是一个循序渐进的过程，父母既不能揠苗助长，也不能放任自流。如果在孩子 3 岁的时候就教他如何打扫卫生间，那他肯定会无所适从；如果在孩子 10 岁的时候才教他如何收拾碗筷，那显然是在轻视他的劳动能力。要让孩子在合适的年龄做合适的事，这样他才能保持对周围世界的热爱和好奇心，主动地探索新事物。

幼儿园前（2～3岁）

在前面的章节我们已经介绍过，孩子在 1 岁半的时候就有了做家务的敏感性。年幼的孩子会把能够为父母提供"帮助"看作一件令人兴奋的事情，他们喜欢陶醉于"我能行"带来的成就感，如果再得到来自父母的鼓励他们一定会欢欣雀跃，这种"助人"的快感远比"亲吻和拥抱"更能鼓舞孩子的热情。

但是细心的父母一定会发现，这个年龄阶段的孩子虽然喜欢帮忙，但是他们帮忙的方式似乎并不是十分"严肃"，常常带有一定的游戏色彩。这是因为对于年幼的孩子来说，他的生活就是游戏，游戏就是生活的全部。比如到了用餐时间，孩子还在客厅兴致勃勃地玩耍，如果只是对他说"快点儿来吃饭"他可能会无动于衷。但如果父母变换一下语气，用一种孩子喜欢的卡通人物的方式对他说："看，盘子里有那么多张牙舞爪的小怪兽在向我们示威，我们一起来消灭它好不好？"这时孩子多半会飞奔到桌子旁边大快朵颐。所以，无论在客厅、厨房还是卧室，也不管是打扫、清洁还是帮忙照顾花花草草，只要把家务琐事和孩子的天性相融合，都会有意想不到的收获。

1. 收玩具——送玩具们上火车

这个年龄段的孩子总是和玩具相处得很好，他们喜欢色彩斑斓的画笔，沉迷于形状各异的积木，小汽车、机器人是男孩的好朋友，洋娃娃和毛绒玩具是女孩的心头爱。只要解决了吃喝拉撒，他们可以很长时间里都沉浸在玩具的世界里。孩子倒是开心了，但做父母的却犯了愁："要是孩子能够自己收拾玩具该多好。"其实，只要方法得当，这一点期待不算奢望。

小彬彬的妈妈给大家提供了一个很好的方法：

我们家小彬彬的玩具多到可以堆成一座小山，我每天都要跟在他身后收拾，真的是很麻烦。一天，我看见他在往玩具车里面装东西，忙得不亦乐乎，于是我就给他准备了收纳箱，带轮子的那种，开始的时候我推着箱子对他说："小火车来了，有乘客要上车么？"然后小彬彬就急急忙忙地拿着玩具跑过来说："奥特曼要回家，小恐龙也要回家"，边说边把玩具一件件放进收纳箱里。后来，慢慢地小彬彬养成了习惯，只要我对他说"天黑了玩具要回家"，他就会自己拿着收纳箱把玩具一件件装起来。玩具渐渐多了后，需要分类整理，我又多准备了几个箱子，然后告诉小彬彬："现在车厢变多了，不同的乘客要分开坐，小人放在前面的车厢，小动物坐在中间，积木要放在后边的大号车厢里。"于是他就会照着做，偶尔搞错了自己还会及时改正："熊大你是小动物，要坐到中间去哦。"那一本正经的样子可爱极了。

"收拾玩具"这个指令对于年幼的孩子来说太抽象了，他很难理解，自然地就会选择忽略。所以，再次面对满屋子玩具"一片汪洋"的时候，先别急着抱怨，父母们不妨尝试一下彬彬妈妈的做法，给孩子"一列小火车"，也许玩具就不会"泛滥成灾"了。

2. 摆鞋子——统一方向排排站

经常会听到妈妈们抱怨：

"你说我老公，一回家就把鞋子随便一甩，这只在门口，那只恨不得甩

进卧室。"

"我老公也一样，从来都不知道要把鞋子里的湿气放一放，脱下来直接塞进鞋柜，那个味道啊，真叫一个酸爽。"

"别说老公了，我们家儿子也一样，鞋子到处丢，穿的时候总是找不到。"

虽然说乱放鞋子并不是男人的专利，但是不少男人的确在这一方面做得要稍逊一筹。有人会觉得打扫、持家是女人的使命，但社会在变化，有越来越多的女性走到工作岗位上，同时也有更多的男性参与到家务劳动中来。很多家庭都会把鞋柜放置在一进门的位置，所以门面的整洁自然地关乎一个家庭的颜面，这种关乎"家门荣光"的习惯问题自然要从娃娃抓起。

说到这里，妈妈们又会质疑：

"说一次也不管用啊，总不能动手吧。"

"除了唠叨有没有其他的好办法？"

"这么小一件事，怎么会关乎'家门荣光'？"

首先，"打人"自然不是好办法，唠叨也收效甚微。孩子的世界里"身教重于言传"，与其告诉他怎么做，还不如做给他看。每次和孩子一起回家的时候都示范给他，先把鞋子脱下来，按"鞋尖朝里，后跟朝外"的方式放到鞋架上或其他固定区域，然后告诉孩子按照同样的方式"统一方向排排站"，把自己的小鞋子放好。如果看到哪位家庭成员的鞋子扰乱了秩序，就及时纠正过来。耳濡目染，孩子自然会把摆放鞋子这件小事做得完美。

其次，在孩子年龄稍长之后，还可以传授给他一些其他的关于收纳鞋子的技巧。比如，遇到了坏天气，鞋子很湿的时候一定不要直接放在鞋柜里，要及时清洗或者找个避光的地方"阴干"，避免色彩变暗、品质变差。再比如，换季的时候，要把穿不到的鞋子晒干洗净，收到鞋柜的里层；把应季的鞋子放在外层，为出行节省时间。

最后，也是最重要的地方，成长是一个缓慢的过程，容不得半点儿懈怠。虽然说摆放鞋子看起来是一件不起眼的小事，但细节之处，见人教养。"少成若天性，习惯如自然"，一个人的教养与习惯，都来自于年少时朝夕的效仿与学习。一个能把摆放鞋子做到极致的人，也一定会注重生活品质。

3. 丢垃圾——多做运动身体好

著名教育家蒙台梭利说过："如果没有指导，孩子的运动就会显得混乱不堪，而运动没有章法是小孩的特性。大人们那句'老实待会儿'并不能起到任何作用，更好的做法是指导孩子运动，引导他们的行为接近他们想要的运动。"

运动神经的培养非常复杂，它必须与孩子的生理机体所必须建立的所有协调运动相符合。试图让孩子静止不动是毫无意义的，锻炼孩子运动技能最好的办法就是指导孩子运动。蒙台梭利为我们提出了众多的指导方法，家务处理就是其中的一种。

可别小看丢垃圾这件小事，孩子在完成这套运动的过程中会经历弯腰、捡拾、起身、走向目标、松手等一系列的动作，这个过程中他的身体会在大脑的指挥下做出不同的动作，肌体的协调性、动作技能都会得到锻炼和提高。

当你再被尿布、果皮，还有揉成团的纸巾烦恼时，不妨带着孩子一起收拾，你可以效仿一下"要把大象放进冰箱，总共分几步"的做法，把这一系列的动作拆分成详细的步骤，如一边做一边对孩子说："一弯腰、伸出手；二起身、快快走；走到目标松开手；我是环保小能手。"将枯燥无趣的丢垃圾过程用孩子喜欢的方式做给他看，既培养了孩子的好习惯，又锻炼了孩子

的运动技能，何乐而不为呢？

4. 穿衣服——哼起儿歌学穿衣

穿衣服对于孩子来说可谓一件"老大难"的问题，很多孩子到了上幼儿园的年龄还不能把衣服穿好，不是前后搞混就是正反搞错。幼儿园的老师经常会见到小朋友因把小脑袋伸到袖口里找不到"出路"而号啕大哭，或者赶新潮来个"内衣外穿"，真是令人哭笑不得。家长也是一样，早晨的时光本来就匆忙，如果再遇到一个不会穿衣、撒泼打滚、好说歹说也不配合的孩子，难免大动肝火。

孩子之所以是穿衣"困难户"，原因主要有以下三个方面：

（1）感受不到乐趣。

（2）时间太仓促。

（3）只有唠叨没有示范。

搞清问题症结之后家长就可以对症下药，将孩子的穿衣问题各个击破。

首先，针对孩子的兴趣问题，推荐父母们尝试一下幼儿园老师在教孩子穿衣时采用的方法，将穿衣的过程编成儿歌，帮助孩子理清顺序、穿好衣服。

上衣篇：

穿开衫：抓住领口向后披，抓住衣袖伸手臂，整好衣领扣好扣，穿着整齐多神气。

穿套头衫：一件衣服三个洞，脑袋伸进大洞口，手臂伸进小洞口，拉直衣服就完工。

裤子篇：

方法一：左边一列小火车，右边一列小火车，两列火车过山洞，呜呜，穿好啦！

方法二：前面朝上，拉紧裤腰；喊着口号，两脚赛跑；两条跑道，别找错了；伸出裤腿，露出小脚；终点到了，提裤站好；养成习惯，做乖宝宝。

鞋子篇：

两只小鞋是朋友，穿错它就歪歪头。要想穿对小鞋子，小鞋见面头碰头。

当孩子努力之后还是没有做好时，家长也不要直接对孩子的错误进行指责，可以采用启发的形式帮助孩子发现问题。比如，当家长发现孩子把鞋子穿反后可以用一种疑问的语气对他说："我有一双小鞋子，套住好哥俩，背靠背，脸对脸，好像刚刚吵过架。咦！怎么回事？"当孩子低头看到"吵架的小哥俩"时，一定会被自己逗得咯咯笑，并且愉快地改正过来。

其次，关于时间问题，早晨的时间太仓促，加之孩子刚从睡梦中醒来肢体尚未得到灵活的调动，难免会出现拖沓、出错的现象。针对这一问题，父母完全可以在白天找一段空闲时间，哼着儿歌，轻松自如地教孩子穿好衣服。

最后，还是那句老话"身教大于言传"，与其在一旁"发号施令"，还不如找一件衣服，坐在孩子身边，一边示范，一边指导。

5. 脱衣服——脱下之后要叠好

相较于穿衣服，脱衣服就容易多了，父母依然可以采用儿歌的方式帮助孩子脱衣服。

上衣篇：

脱开衫：拉链扣子解一解，我把小手藏起来，一手拉着袖袖拽，再拽一

下脱下来。

脱套头衫的：先把衣服往上提，抓住袖口缩胳膊，左胳膊、右胳膊，左右胳膊缩回来。提住领子露出头，宝宝的衣服脱好了。

裤子篇：

拉开橡皮筋，拉住裤脚管，左右两腿伸出来，宝宝裤子脱好了。

脱衣服不是难题，但脱衣服之后孩子往往会把衣服到处丢，或者揉成一团摆在角落，本来不脏的衣服经过这么一丢一揉也很难再穿第二次了，只能丢进脏衣篮等待向洗衣机问好。经常洗涤会影响衣服的品质不说，还浪费了大量的水和洗涤用品。小小衣物造成大大浪费，这可不是"环保小能手"的做法，到底怎样才能避免这种浪费呢？答案很简单，只需要在脱衣之后将可以再次穿着的衣物及时叠好放在干净的地方就可以了。

那么怎么教孩子叠上衣呢？父母可以采用以下三步走的方法：

步骤 1：先把上衣平放在床上，反面朝上。

步骤 2：把左右两个衣袖反向折叠，交叉放在后背处。

步骤 3：把衣服下摆向上折，如果衣服下摆过长就折两次，完成。

叠裤子也是同样三步走的做法：

步骤 1：把裤子放平在床上，正反面哪一面向上都可以。

步骤 2：把两条裤腿沿中线对折。

步骤 3：把裤腰向下翻折，然后再把裤脚向上翻折，完成。

孩子年龄尚小时，只需要掌握贴身小件衣服的叠法就好，大件的衣服还需要父母帮忙收纳。如果孩子觉得叠衣服太难，一时难以掌握，父母也可以给孩子准备好衣架，把衣服一件一件套在衣架上然后放在衣柜里，等孩子动手能力提高之后再教孩子叠衣服也为时不晚。

6. 学刷牙——牙齿白白真可爱

每个妈妈都希望孩子有一口整齐洁白的牙齿，粲然一笑，明媚得仿佛四月春光。但现实的状况却不容乐观，由于没有得到健康的护理，导致细菌残留在牙缝和牙床表面生存、繁殖、腐蚀，龋齿已成为 3～6 岁儿童缺点矫治项目的首要问题。

一般情况下，孩子在 7 月龄左右开始出牙，大约两岁前就会长全 20 颗乳牙。关于牙齿的护理，在孩子萌发第一颗乳牙时就要开始了，此时不需要刷牙，但父母要让孩子养成饭后漱口的好习惯，或者采用洁牙布帮孩子擦牙。当孩子满 2 岁后，父母就要教孩子自己学会独立刷牙。乳牙的功能不仅包括咀嚼食物，同时还负责美观、帮助发音以及引导恒牙萌出的作用，保护乳牙，至关重要。孩子 4 岁后开始使用含氟牙膏，6～8 岁可以去做窝沟封闭来保护六龄牙（儿童生长的第 1 个恒磨牙，即第 1 大臼齿，俗称大牙）。期间最好每半年带孩子去一次儿童口腔科做定期检查，发现龋齿及早治疗。

保护牙齿最好的方法就是防患于未然，尽早地帮助孩子养成每日刷牙的好习惯。儿童的牙齿和牙龈都格外娇嫩，在选择牙刷、牙膏以及刷牙方法时都需要投入更多的心思。

儿童牙刷的选择：刷头要小，刷毛要软，刷面要平坦，避免刮伤孩子的牙龈。电动牙刷最好在孩子 5 岁以后再使用。另外要注意的是，孩子的牙刷至少每三个月更换一次，生病后一定要更换牙刷，避免牙刷上潜藏的细菌对孩子造成二次感染。

儿童牙膏的选择：儿童牙膏分多泡、中泡、少泡三种类型，泡沫的多少取决于其含皂量的多少。多泡牙膏含皂量在 18% 以上，皂质在口腔唾液中容

易分解成苛性碱或脂酸，会刺激口腔黏膜，还会破坏唾液中的酵酶。另外，含皂量大，摩擦力相应降低，从而影响洁齿效果。因此，家长不宜给儿童选择多泡沫牙膏。

教孩子刷牙：教孩子刷牙似乎是一场亲子大战，每一位妈妈都有一部可歌可泣的"战斗史"，孩子不愿意刷牙，不会刷牙，即使学会了也时常犯懒耍赖，真是愁坏了父母。到底该怎么做才能帮助孩子养成爱刷牙的好习惯呢？下面介绍几位妈妈的经验，给广大的家长参考：

"坚持正确的刷牙方法"——天天妈妈

天天1岁半左右就长全了20颗乳牙，从那时起我就教他独立刷牙，并且总结了以下的刷牙步骤，希望妈妈们可以参考：

（1）先刷上下排牙齿的外侧面，把牙刷斜放在牙龈边缘的位置，以2～3颗牙为一组，上下来回移动牙刷。上牙画"M"形，下牙画"W"形。

（2）再刷牙齿的内侧，重复以上动作。

（3）刷牙门内侧，此时牙刷要直立放置，用适中的力度从牙龈刷向牙冠。

（4）要刷咀嚼面，把牙刷放在咀嚼面上前后移动。

"全家动员，做好示范"——乐乐妈妈

在培养孩子刷牙的过程中，我觉得作为家长一定要做好示范。因为孩子年龄小，缺乏自律能力，家长的坚持就显得尤为重要。而且刷牙这件事全家人一定要"统一战线，一致对娃"，尤其是要做好家里老人的思想工作，不能孩子一哭闹就心软，为了孩子的牙齿健康一定要狠下心来。乐乐学会刷牙后常会偷懒，于是晚上睡觉前我都会和他一起刷牙。看我一副认真的样子，乐乐也煞有介事地边做边说："你刷刷，我刷刷。"好习惯就一天天地养成了。

"让刷牙成为一种乐趣"——小芙妈妈

孩子的世界是不讲利害的，你和他说再多刷牙的好处都没有卡通形象的

一个示范有效。我家小芙喜欢看绘本，于是我就买一些和刷牙相关的故事绘本和她一起看。看着看着，她就会觉得刷牙是一件有趣的事情，开始学着绘本里小动物的样子哼唱："小胖手，刷刷刷，咕噜咕噜吐出来，牙齿白白真可爱。"刷牙这件令人头疼的事情就这样被轻松地解决了。

"反其道而行之"——陈晨妈妈

陈晨一到刷牙时间就耍赖，道理讲了一箩筐都无济于事。怎么办？一天吃饭时，我的牙不小心被骨头硌了一下，掉了一块儿，陈晨好奇地问："妈妈，你怎么了？"我说："妈妈不注意刷牙，牙就坏了，看，连好吃的骨头也不能啃，以后只能喝粥了。"从那以后陈晨刷牙不用再提醒，只要到了时间就会主动去，还不时地对我说："妈妈不刷牙，牙坏了，不能吃好吃的了。"虽然自己充当了反面典型，但看见孩子能认真刷牙，觉得值了。

"目若玄珠，齿若编贝"，当孩子拥有一口洁白的牙齿而为人称道时，他一定会感谢自己多年来对这个好习惯的坚持。

7. 递东西——礼貌用语要牢记

"跑腿儿"是一举两得的事，父母可以忙里偷闲，孩子往往乐此不疲。对于2～3岁的孩子来说，独立地洗菜、打扫等都是一件很难完成的事情，但帮忙把青菜拿到水池、把扫帚递到妈妈手里却是很容易办到的。孩子也会很愿意给予父母这种帮助，陶醉在助人的乐趣里。

递东西是件普通的小事，普通到父母们都不会把它当作是一件家务去教给孩子。其实，传递东西的过程中蕴含着待人接物的学问。

父母有的时候会抱怨孩子表达能力差、语言生硬、在得到帮助后不懂得感谢，像个发号施令的小皇帝。其实，很多时候并不是孩子不愿意去表达，而是他不会甚至是缺乏表达的意识。表达能力不是与生俱来的，是一个需要学习并且经过不断训练才能掌握的语言技巧。虽说表达能力是一门技巧，但

掌握起来也没有那么难，通过很多日常的小事，比如在让孩子帮忙传递东西之类的过程中就可以培养。

当父母向孩子发出需要帮助的请求时一定要"请字当头"，采用询问的态度，并使用礼貌用语。比如，"宝贝，请帮我把扫帚拿过来好吗？""请帮我把那本书拿到床头。""我需要你的帮助，请问你有时间吗？"

当孩子把东西拿到指定位置之后一定要及时表达感谢。"你真棒，帮了我一个大忙。""谢谢你，宝贝。""谢谢，你这样做我真开心。"

"请字当头、道谢收尾"，耳濡目染，孩子也会学着你的方式渐渐地在待人接物的过程中使用礼貌用语，久而久之，好习惯就养成了。这种以家庭为出发点的好习惯，会慢慢渗透到孩子生活的方方面面，成为伴他一生的好品质。

幼儿园（3～6岁）

3～6岁，孩子进入幼儿园、接触"小社会"，他们的身体和心理都在稳步地发育和成熟。3岁的孩子，活泼、灵巧、讲话也比较流利，他们喜欢蹦蹦跳跳地探索新事物，对一切都充满好奇。4岁的孩子，开始变得比较听话，他们的智力和情感都在飞速发育，有着"事事都要自己干"的独立欲望，同时又对妈妈有一种强烈的依赖感。5～6岁的孩子，大脑的发育已经比较完善了，他们能够比较准确地用语言来配合行动，对事物的分辨也更加准确。这意味着，父母可以适时地把家务的范畴从"自理"延伸到与家人的互动、为家人服务的方面来。

1. 洗袜子——用"狠心"成全毅力

"小孩子手这么嫩，洗衣粉多伤手啊？"

"孩子才多大啊？你们就这么狠心，怎么当爹妈的？"

"也不知道心疼孩子。快去玩吧，宝贝，奶奶来帮你。"

这种场景是不是似曾相识？这一连串的质问和指责不是母子大战的发端，就是婆媳矛盾的前兆。关于孩子到底该不该做家务、能不能做家务，常常是家庭矛盾的焦点，难道孩子真的就娇弱得不能自己动手吗？先别急着回答，来听一听朵朵的故事，也许能从中寻找到理想的答案。

在朵朵3周岁生日的时候我们告诉她，很快会有一个小弟弟或者小妹妹来陪她了，但是由于爸爸工作忙，妈妈又时常感到身体不适，所以希望她能自己照顾自己。我们原本只是期待着孩子对此有个概念就可以了，谁想到朵朵却信誓旦旦地攥着拳头保证：以后自己的事情自己做。

我一边欣慰于女儿的乖巧懂事，一边又担忧女儿的自理能力，她哪里做过什么家务啊，自打生下来就是一个十指不沾阳春水的小公主。但我又不忍心打消她的积极性，毕竟孩子的热情需要被精心呵护。于是我试探性地对她说："宝贝，既然你已经长大了，那每天洗完脚后，就自己洗袜子好吗？"朵朵没有丝毫犹豫，开心地回答道："妈妈，我会做到的。"

起初，热情和好奇还没有退散的时候，朵朵完全不用我叮嘱就会主动地去洗袜子。但一周后，朵朵开始偷懒、耍赖，嘟着嘴巴对我说："妈妈，今天，你能不能帮我洗袜子，就这一次好吗？"稚嫩的童音唤起了我的无限柔情，看着她那双闪着光的眼睛，我真是难以拒绝啊！但转念一想：有一次两次，就有三次四次，于是心一横，说："朵朵，你答应妈妈自己的事情自己做，要给弟弟妹妹做榜样，可要说话算话啊。"在我的坚持之下，朵朵只好照做了。

看着女儿通红的小手，我的眼眶瞬间红了，一方面为自己的狠心自责，但更多的是感叹孩子的成长。都说最好的母爱是放手，对此我深有体会，确实孩子的潜力是无限的，我们过多的呵护可能会让他们刚刚萌芽的恒心和毅力日渐退化。在日后的生活里，我总是不断地提醒自己：再坚持一下，用"狠心"交换孩子的毅力。

虽然，在做家务时并不是所有的父母都真的需要帮助，但是，所有的孩子都需要成长！教育家陈鹤琴先生曾说："凡是孩子自己能做的事，让他自己去做。"别小看这一桩一件的小事，孩子的恒心和毅力全在于父母在琐事上的"狠心"成全。下面为家长们介绍一下洗袜子的小贴士，你可以效仿朵朵妈妈的做法，在孩子成长的路上，助他一臂之力。

（1）要保持耐心

孩子手小，手指肌肉还在发育之中，灵活性不够，动作往往显得很笨拙。在面对这样的状况时父母一定要有耐心，放下姿态和孩子一起做，多鼓励、多示范。另外，孩子天性爱玩，可能洗着洗着就改成玩水了，这时候父母可千万别发火，要知道在孩子的认知里，生活处处都是游戏，教他做家务只不过是利用了他爱玩的心理，把学习变成了玩。水洒了可以擦干，孩子的热情走散了就很难再找回来了。

（2）要传达方法

给孩子准备一块适合他手掌大小的小肥皂，或者小瓶洗涤剂。然后告诉孩子脚尖、脚跟的位置要着重清洗，先打上肥皂，然后双手握住两端向相反方向用力搓，来来回回搓 10 次左右就可以了。如果发现孩子洗得不干净，妈妈可以帮忙重新洗一次，但这个过程千万不能让孩子知道，守住这个小秘密同样是在为孩子的成长保驾护航。

（3）要做好保护

肥皂和洗涤剂里面都会有一些化学成分，很可能对孩子娇嫩的手指造成伤害。另外，水温较低的情况下孩子也很容易受凉。为了避免这种伤害，家长有必要为孩子准备一副大小适合的橡胶手套，全副武装之后就不用担心，可以让孩子"放手一搏"了。

（4）要及时表扬

对于孩子而言，能坚持把一双袜子洗完、洗干净，已经是一件很了不起的事了。家长及时地表扬仿佛春风化雨，会促进孩子刚刚萌芽的恒心和毅力茁壮成长。

2. 摆餐具——摆好餐具学礼仪

餐厅，既是进餐的场所，也是家庭成员之间沟通感情、交流意见的重要场所，要求孩子做一些摆桌椅、摆餐具之类的家务，一方面可以减轻父母的负担，另一方面也可以强化孩子的参与感。我们并不需要孩子把家里的餐桌摆放得多么"正式"，而是希望他能养成一种习惯，对待吃饭之类的生活问题不会马马虎虎、敷衍了事，注重生活的点滴、用心体会一日三餐的喜悦。

按照我们日常的习惯，家长需要指导孩子在就餐之前查好就餐人数，在餐桌旁摆放相应数量的椅子，然后在餐桌上对应的位置摆放一只碗，并在碗的右侧摆放一双筷子，筷子的方向要和右手拿筷子的方向一致（如果习惯用左手吃饭，则摆放方向相反）。随着孩子逐渐融入集体生活，和他人一同进餐的机会增多，父母还应该教给孩子一些必要的餐桌礼仪。

（1）要尊重长辈。长辈先动筷子，孩子才可开吃。

（2）吃饭时，不能把喜欢的菜放在自己面前独食，更不能在盘子里挑来挑去。

（3）外出就餐时，不要频繁转动餐桌；别人夹菜时，更不能转动餐桌。

（4）专心进餐，不能边玩手机边吃饭。

（5）吃饭时不要大声说话，尤其是嘴巴里有食物的时候；喝汤时也尽量不要发出声音。

（6）打喷嚏或是咳嗽时，一定要背转身体，用餐巾纸进行遮掩，避免污染。

教孩子有礼貌地进餐，不仅是把饭送到嘴里，更多的是把文明和礼仪深植在孩子心里。良好的餐桌礼仪是对他人的尊重，更是对自己负责，毕竟，谁都喜欢和有教养的人在一起。

3. 收餐具——合理摆放好清洗

相比于摆餐具，收餐具就没那么多规矩了，但是小心轻放是必需的。收餐具之后紧跟着就是洗餐具，为了方便洗涤，给自己减少不必要的麻烦，父母还是要教给孩子一些收餐具的小技巧。

（1）轻拿轻放，多次少量

孩子们总是喜欢一次拿许多餐具来证明自己很能干，但家庭中的餐具多以陶瓷制品为主，怕摔怕碰，需要轻拿轻放。如果孩子在收餐具时一次拿很多，往往会因为控制不好力道而直接摔进洗碗池，造成浪费不说，破碎的瓷片还很有可能划伤孩子。所以父母要告诉孩子"轻拿轻放，多次少量"，在安全的情况下做父母的好帮手。

（2）及时浸泡便于清洗

餐具在使用过后会沾染一些油污或粥渍，尤其是放时间长了以后容易变硬结膜，以至于很难清洗，所以用后的餐具要及时收拾清洗，不便于马上清洗的应当告诉孩子收拾完后放在水池里浸泡。同时，父母也可以借机告诉孩子吃饭时应当把碗里的饭吃干净，这样既不浪费食物，也方便清洗。

（3）油污餐具不叠放

当饭菜比较油腻时，餐具内侧往往也会附着大量油渍，如果此时把餐具交叉叠放，常常会令本来干净的外侧也染上油污，不利于清洗。对于这样的餐具，父母要告诉孩子把它们单独地摆放在厨房就可以了，千万不要叠放在一起。

4. 盛饭菜——适量取餐不浪费

我们经常会看到这样的情景：

在某个小朋友的生日派对上，孩子们将吃剩的蛋糕等当作"武器"，相互投掷取乐。

学生食堂里，经常会有几乎整盘未动的食物被倒掉。

这类不爱惜粮食、随意糟蹋粮食的行为已经不是个别现象了。"谁知盘中餐，粒粒皆辛苦。"虽然孩子很小的时候就能对这两句诗倒背如流，但对于生活在物质丰饶年代的他们来说，很难体会到农民的艰辛，感受出诗中的真味。

某电视节目中有一期是关于孩子在寺庙修行的内容，到了午饭时间，寺庙准备了米饭和白菜，并且告诉每个孩子"吃多少，盛多少"，吃干净之后才可以去午休。孩子们吃惯了可口的饭菜自然对寺庙提供的"清苦"午餐感到不适应，其中的林大俊小朋友就因为饭菜不合口味而吃得很慢，落到最后一名，被分配了打扫古塔的任务以示惩戒。

很多家长习惯了给孩子喂饭，一到吃饭的时间就追着孩子满屋子跑，孩子自然认为饭是吃不完的，什么时候想吃都会有。长此以往，孩子在进入集体生活，面对独立盛饭、吃饭的问题时，自然对自己的饭量不了解，也很难

体会粮食的来之不易。

"吃多少，盛多少"，放手给孩子一个了解自己的机会，帮助他从小养成爱惜粮食，珍惜劳动成果的好习惯。虽然我们不能再让孩子经历从前的清苦日子，但是我们完全可以，也有义务让孩子明白："一粥一饭，当思来之不易；一丝一缕，恒念物力维艰。"

5. 洗蔬菜——四体勤，五谷分

你的孩子对蔬菜、水果的认知处在怎样的一个水平呢？"大萝卜，水灵灵；小白菜，绿莹莹；西红柿，像灯笼；黄瓜一咬脆生生。"这样的儿歌，孩子可能朗朗上口，也许他还认识很多水果，但一提到蔬菜，除了儿歌中接触过的萝卜、白菜、西红柿，其余的大概都是处在"傻傻分不清楚"的状态。

有人会说："认识蔬菜有什么用啊？孩子以后又不会去种菜，好好读书就是了。"真的是这样吗？《论语·微子》中有这样一个故事，我们先来看一看：

子路跟随孔子出行，由于走得慢被落在了后面，遇到一个正在田间劳作的老人家，子路问道："你看到我的老师了吗？"老人家说："四肢不勤快，五谷都分不清，这样的人哪里配做什么老师啊？"说完，便握着锄头继续除草。子路意识到自己的鲁莽之后便拱着手恭敬地站在一旁，老人家看到子路很有礼数便留他到家里住宿，而且还做了米饭、杀了鸡来招待他，又叫两个儿子出来与子路见面。第二天，子路赶上了孔子，并把这件事告诉了孔子。孔子听后说："这样有见解的人，一定是一位隐士啊。"孔子很想跟老人家谈一谈，就叫子路立刻回去找，可是却无法找到了。自那以后，"四体不勤，五谷不分"就作为一句警世恒言来提醒我们：任何时候都不能脱离生活，不能做五谷不分的书呆子。

一切智慧来源于生活，达·芬奇的绘画里程不就是从观察一枚鸡蛋开始的吗？在生活中观察、在劳动中体悟，说不定教孩子洗菜、洗米也会成为成就他的"一枚神奇的鸡蛋"。下面用童谣介绍两类常见的蔬菜，便于孩子理解和分辨，并给出了清洗方法，帮父母们把厨房也变成一个亲子课堂。

（1）叶菜类

常见蔬菜：

叶子白白是白菜，身形圆圆是包菜，紫的包菜叫甘蓝。
油菜绿绿叶圆圆，菠菜绿绿根红红，叶子细长油麦菜。

清洗方法：

告诉孩子，把叶菜买回家后不要急着放入水中，要先散开放置，让表面的农药挥发掉一部分。有阳光的条件下最好先让阳光照射 5 分钟，蔬菜内有机氯的含量会大大降低。

还要告诉孩子，清洗的时候最好把叶子掰开来洗，整棵清洗时叶间缝隙很容易有污渍残留。另外，最好使用流动的水冲洗，这样堆积在表面的泥土和农药才易被冲走。

（2）茄瓜类

常见蔬菜：

黄瓜绿绿，表面有刺；茄子皮紫，有圆有长。
萝卜胖胖，颜色漂亮；有白有红，营养最棒。

清洗方法：

清洗之前先在水中放入适量盐或小苏打浸泡，让蔬菜表面和水充分接触。表皮光滑的蔬菜可以用手直接搓洗，像黄瓜之类表面粗糙的可以给孩子

一把小刷子，让他轻轻刷一刷。

6. 晒衣服——通风向阳很重要

洗衣服对于 3 ～ 6 岁的孩子来说很难，但晒衣服就相对容易得多了，孩子更容易完成，更容易找到成就感。但晒衣服只是搭在晾衣架上就完工了吗？当然也没那么简单。

（1）晒衣服的本质

晒衣服就是把衣服晒干吗？这只是其中的一个目的，我们把衣服洗净、晒干的最终目的是方便下一次穿着。所以，即使晒干了，但衣服被弄得皱巴巴也不是我们想要的结果。很多独自生活的男性总会穿着不平整的衣服上班，原本意气风发的小伙子往往被一身衣服搞得精气神全无。为了你的小男子汉以后能够穿得平平整整，妈妈一定要从小叮嘱男孩一些晒衣服的小技巧。

（2）晒衣服的技巧

衣服起皱的现象与纤维性质有关，一般弹性好的纤维，如羊毛、涤纶、氨纶等面料制成的衣服比较挺括，不易起皱，纯棉质地的衣服则很容易变得皱巴巴。为了避免这种现象，晒衣的过程就要掌握合适的方法，以下这些技巧家长不妨多些耐心，逐步教给孩子。

①晒衣之前抖一抖

衣服刚从洗衣机里面拿出来，或者刚拧干的时候都是团在一起的，这样直接搭在衣架上很容易起皱。晒衣之前"抖一抖"就能轻松化解这样的问题，可以示范给孩子抓住衣服的肩膀部位，或者裤子的腰部用力抖一抖，孩子一定能轻松掌握这个技巧。

②衣领部位拉一拉

衣领袖口这些地方必须保持挺阔，整件衣服看起来才好看，人穿上之后也显得有精气神，所以在晾晒的过程中一定要拉一拉，但力气不能太大，否则会使纤维变形，无法恢复。

③口袋部位压一压

口袋的位置常常会叠加好多层布料，如果不展平的话很容易在晒干之后出现"鼓包"的现象。告诉孩子一定要把这些地方展平，否则穿起来一身"泡泡"可会影响美观哟。

④小件衣服夹一夹

在室内晒衣还好，如果在室外晒衣经常会遭遇这样的现象：忽然一阵大风飘过，小手帕、小内衣之类的就"随风直上九万里"了。曾有一位女孩在阳台晒袜子，结果下午狂风大作，回家一看，五双袜子就剩四只了，还都配不成对儿。为了避免这种尴尬的事情，小件的衣服一定要用夹子固定晾晒。

（3）晒衣小秘密

孩子的世界简单纯粹，他们判断问题依靠的是"想当然"而不是经验，所以那些成人眼里简单的常识，对于孩子来说也是需要讲解才能明白的知识。

①通风才是关键

孩子肯定以为是太阳把衣服里面的水汽烤干了，所以只要有阳光衣服就会被晒干。太阳固然重要，但风同样功不可没，如果在一个通风不畅的环境晒衣服，即使太阳再大衣服也不能很快晾干。所以，一定要告诉孩子，晒衣服的时候要在衣服之间留出足够的空隙，让风在其中穿行，让太阳消灭细菌、让风带走水汽，二者鼎力配合才能达到晒干衣服的目的。

②深色衣服反面晾晒

黑色、棕色等深色布料长时间受阳光照射很容易褪色，所以在强光直射的环境下晒深色衣服一定要晾晒反面，最大限度地减少衣服褪色的问题。否

则，黑色久而久之变红了，孩子可能就不认识自己的衣服了。

掌握了这些技巧之后，孩子已经在向"生活小能手"的目标迈进了。

7. 学穿搭——巧用色彩敏感期

最近小涵妈妈发现一件反常的事，刚满4岁的小涵开始"爱臭美"了，具体是怎么个臭美法呢？我们来听听小涵妈妈的说法：

我家小涵今年刚满4岁，从年初开始我就发现她的行为有点儿叛逆：她总是学着我的样子画眉毛、涂指甲、擦口红，起初我就觉得女儿肯定是因为好奇瞎胡闹，也就没有在意，但最近她的臭美行为是愈演愈烈，我给她准备了上学穿的衣服，她偏说不好看，非要自己去选，经常是一套接着一套地换来换去，结果有好几次都迟到了。

这还不算什么，她不但自我陶醉，还经常"浓妆艳抹"之后在家里到处转，非要我们都说她漂亮得像个公主才作罢。更让我无语的是，她居然要涂着口红去上学，这小小年纪就打扮得花枝招展的多不好啊，我都不好意思和别的家长说。

我总怀疑是不是自己的行为对孩子起到了不好的影响，由于工作的原因，我平时比较注重穿搭和妆容，但我毕竟是个成年人，能很好地把握尺度。可小涵还是一个4岁的孩子啊，难道是现在的孩子都早熟？这也太早了吧！

和小涵妈妈有同样苦恼的家长一定大有人在，难道是我们的孩子都早熟了？当然不是，根据儿童心理学的研究结果，3～4岁是孩子对色彩的敏感期，这个阶段的孩子喜欢认识色彩、搭配色彩，他们对玩具的颜色、衣服的颜色等都开始形成自己独特的喜好。色彩敏感期过后，孩子就会进入涂色的敏感期，涂色的过程是为以后的书写做准备，乱涂乱画后，他们的书写才会逐渐趋于规律。

这下恍然大悟了吧！与其抱怨孩子臭美、叛逆、不听话，倒不如巧用孩子3～4岁色彩的敏感期，让他们自己在学习穿衣搭配的过程中培养审美情趣，锻炼生活能力。这里给父母们推荐一些简单的小技巧，你只需稍加引导，就可以让孩子完成简单、清爽的穿衣搭配。

（1）色彩搭配

教孩子色彩搭配不能说得太复杂，尽量说一些简单、基本的搭配规律就可以了。

①要注意整体搭配，不能忽视鞋、帽、小配件的颜色，一般全身服饰不多于三种颜色。

②黑白是百搭色，搭配什么颜色都很少失误。

③彩虹法则：用赤橙黄绿青蓝紫的顺序告诉孩子，每相邻的两个或者相隔一个的颜色都可以搭配，如果相隔两个的话就要慎重选择了，很容易出现令人不舒服的视觉效果。

（2）穿衣原则

孩子的穿衣原则是以健康为主：冬天注意保暖，夏天注意散热，衣服尽量选择舒适、便于活动的款式。提醒孩子做到这些：

①领口要整齐。穿好衣服后一定要把领子展平。

②秋裤裤脚要塞进袜子里。千万不能让孩子"赶时髦"而像大人一样露脚腕，俗话说"寒气生足底"，为了孩子的健康成长，一定要把秋裤裤脚塞进袜子里。

③注意卫生。贴身衣物要勤换洗，要有"气质"而不是有"气味"。

小学低年级（6～9岁）

总有些小学生的家长感叹：孩子在幼儿园时还主动做一些家务，上小学后越来越懒，恨不得走到哪里都带着父母，随时随地为他们收拾残局。难道"懒"真的是这个阶段的孩子生来就有的顽疾？

我们先来看看一位妈妈的感受：

最近我总是在抱怨女儿什么也不会做，"行李箱不会自己收拾""屋子乱得像战场一样""完全不懂得体谅父母"……每当看到女儿行事不合我意的时候，我都会变成一个抱怨连连的妈妈。最近，当我又一次唠叨女儿不叠被子的时候，她的一句话震醒了我："妈妈，我以前总是想自己动手干这个干那个，可是你每次都会对我说'你还小''你不会做''你做不好'，时间长了我自然就不愿意做了，是你让我变懒了的。"是啊，多么残酷的现实，哪里是女儿的错，分明是我挡住了她独立的路。惭愧啊，后悔啊，但是那个叫嚷着"自己来"的小女孩却很难回来了。

孩子的天性是热爱劳动的，他的懒惰是在为你敲响警钟：要抓住教育的时机。

1. 收拾书包——培养孩子的条理性

每天早晨，当你争分夺秒准备送孩子上学的时候，他却连书包都还没有收拾好，不是落下作业本，就是忘了文具盒。即使时间充裕，他也会在收拾书本、文具时把时间消耗到最后一刻。你一着急，干脆就替他收拾了。可是第二天"悲剧"重演，孩子依旧"我行我素"，你也只能"重蹈覆辙"。怎么办？

责备孩子偷懒、耍赖、不用心甚至是品质不好？在传统思维的影响下，我们习惯了把矛盾的焦点归因于孩子，却很少意识到自己的教育方式出现了问题。抱怨孩子连书包都收拾不好，那你可曾详细地教给过他整理书包的方法？责备孩子总是磨磨蹭蹭，那你是否通过行动让他感受到时间的宝贵？教育不是一条简单的指令，而是探寻原因、寻找方法、身体力行的示范和传达。

孩子不能在规定的时间整理好书包，看似是时间观念差的问题，但根源在于缺乏条理性。条理性不是自然生长出来的，你要教他才能会。拿整理书包这件事来说，你需要教给孩子以下的原则：

（1）区分有用的和没用的

简而言之，和学校生活有关的就是有用的，比如书本、文具、水杯之类的物品。像小汽车、糖果、毛绒玩具之类和学校生活无关的自然就没有必要装进书包。先让孩子找一块足够大的地方，把书包里所有的东西都摆出来，然后按照有用的、没用的区分好，把没用的东西清理掉。

（2）给有用的物品分类

有用的物品很多，但并不是一股脑地全装进书包就大功告成了。父母可以和孩子合作，制订一个"学习用品一览表"表格，把这些有用的物品分门别类地整理好：

①书本：包括课本、笔记本、练习册、记事本等。

②文具：包括文具盒、尺规作图的工具、手工课工具等。

③生活用品：包括水杯、水果盒、餐盒之类的物品。

④其他物品：包括公交卡、钥匙、纸巾之类的小件物品。

（3）划分区域，对号入座

现在的书包设计精巧、储物空间很大，而且自带很多夹层。父母可以帮

助孩子划分区域，比如，中间最大的空间摆放书本；稍小的区域存放文具；水杯等可以插在书包两侧的口袋里；公交卡等小件物品可以放在表面较小的口袋中。这样只要根据列好的表格对号入座，就可以很快地把书包收拾整齐，并且避免物品遗漏的现象发生了。

如果父母只是"严于律人"，而"宽以待己"，凡事苛求孩子，而自己马马虎虎，恐怕孩子也很难信服。所以，在教会孩子以上方法之外，父母还应在生活的其他方面身体力行，用榜样的力量来引导孩子，帮助他举一反三，将条理性渗透到生活的方方面面。

2. 独立上学——迈出成长的第一步

美国的电视台曾经播放过一档名为《第一个任务》的节目，每期节目会邀请来自不同国家的2～3岁的孩子去完成一个简单的任务，比如，到便利店购物、投递信件等。然后，通过隐藏的摄像机拍摄、跟踪、观察他们的行为。在参与节目的孩子中，来自日本的孩子往往表现得更为出色，他们更加大胆、独立，有着超越年龄的生存能力。

那么，为什么日本孩子会拥有赶超其他国家孩子的高度自主性呢？这还要归功于他们的教育。日本人认为，孩子的独立性与能力无关，而是与从小被灌输的教育和要求存在密切的关系。在日本，从小学开始，孩子就被要求独立上学。在距离比较近的情况下，3岁左右的孩子也会独立去上幼儿园。大人们认为，独自上学是孩子向成长之路迈出的第一步。

出于安全考虑，某些学校或家长一般不主张低年龄段的孩子独自上下学，但是对于高年龄段的孩子家长也不舍得放手。偶尔有一个"敢为天下先"的例子，在搞定了孩子之后，还要面对来自周围人的舆论高压。

宋晓菲的妈妈是一家跨国企业的销售经理，是出了名的工作狂，常常

"轻伤不下火线"，即使怀孕七八个月的时候仍然坚持出差。爸爸总是拿这件事来戏谑晓菲妈妈。

在上一年级的时候晓菲就能独立做很多事情了，每天早晨，晓菲会在闹钟铃响的时候准时起床、穿好衣服、洗漱完毕、吃好早饭，和爸爸妈妈道别之后就自己背起小书包去上学了。周围的人对晓菲独自上学这件事都很惊讶，有人表示羡慕和敬佩，但更多的人对晓菲父母的"放养"做法颇有微词，认为这么做很不负责任，会让孩子置身于危险之中。面对舆论的高压，晓菲父母有自己的看法。

首先，晓菲父母认为每一个孩子都是一个社会人，终将以独立个体在社会上立足，而独立上学恰恰是孩子走入社会的第一步，只要保证安全，这一步越早迈出对孩子越有益。

其次，晓菲的家离学校很近，步行只需要15分钟。虽然要经过两个红绿灯，但是只要遵守交通规则就不会发生危险。而且小学生放学时间较早，即使在昼短夜长的冬季，放学时天色依然很亮。如果遇到下雨、下雪等恶劣天气，或者学校临时调整放学时间的情况，晓菲父母便会去接她放学。

再次，晓菲父母的放养也不是"撒手不管"，在最开始的两个月，爸爸总是悄悄跟在晓菲身后观察，确保安全。并在晚上的家庭时间把一些需要注意的安全问题慢慢灌输给晓菲。

最后，晓菲父母认为让孩子独立上学并不是孤独上路，这一路上常会遇到一些顺路的同学，有的年纪相仿，有的则大一些，晓菲很享受这种每天都能交到新朋友的感觉。

父母会根据对社会的信任程度给予孩子一定程度的自由，孩子们则通过自我的体验来加深这种社会安全感，亲子携手配合而又彼此留有空间，才能实现一种良性循环。我们完全可以借鉴晓菲父母的经验，在保证安全的情况下，给孩子独自做事的机会，让他放手去探索，迈开成长的第一步。

3. 整理床铺——为寄宿生活做准备

一些孩子从上小学就开始了寄宿生活，或者选择在学校午休，在没有父母也没有保育员帮忙的情况下，学会自己整理床铺便成为一项必要技能。那么，怎样教孩子整理床铺呢？我们可以从以下几方面入手：

（1）整理床单

床单整理的终极目标就是一个字：平。对于大多数孩子的房间来说，床大概是其中最大的一个平面，只要床单平整，整间屋子就会显得很整洁。那么怎么把床单变平整呢？我们没有魔法，自然不能奢望双手一挥就化腐朽为神奇，只能把步骤分解，教孩子慢慢来。

①把床垫归位

由于床垫体积较大、也比较重，一般情况下很少移动，但如果遇到一个喜欢乱动的孩子，床垫也会出现移位的现象，这时只需用手抵住床尾，用力一推，把"出走"的床垫复位就好。

②把褥子抚平

褥子质量较轻，很容易变皱，整理的时候要把褥子的四角和床的四角对齐，然后用手轻轻地把中间突起的位置抚平。

③把床单拉平

床单面积一般都比床大出很多，把床单轻轻平铺在褥子上面，四边留出合适的宽度（左右、上下匀称合理即可），然后沿四角拉平，不要出褶皱，并把床单多余的部分折好，牢牢地塞在褥子或者床垫下面。如果孩子用的是床罩的话，只需把床罩套好，用手抚平就算完工了。

（2）叠放被子

孩子的被子并不需要叠得像部队战士一样四四方方、有棱有角，只要整齐、协调就好。现在很多人起床后习惯把被子卷成一团，像个蜗牛壳一样，然后晚上睡觉再钻进去，这可不是一个好习惯。要知道，经过一晚的"亲密接触"，被子上会吸收很多湿气，卷成一团不利于湿气消散，而且还会为螨虫的滋生提供温床，对身体健康极为不利。

理想的做法是早晨起床后把被子展平放在一边，在被褥之间留出足够的缝隙，让湿气散失掉然后再叠起来。如果居家环境比较宽松，直接把被子平铺在床上也是一个很不错的选择。

（3）床头物品的收纳

孩子的床头一般都会摆放床头柜等家具，孩子喜欢在上面放一些童话书、绘本之类的睡前读物，这些虽不属于床上用品，但如果摆放凌乱的话会影响整体的美观，也要整理好。

孩子总要有离开家独立生活的那一天，即使父母有心帮忙，但远水解不了近渴，自己动手才是行之有效的好办法。像整理床铺这样的小事，尽早动手做起来吧，权当是送给终将远行的孩子的一份礼物。

4. 打扫卧室——顺序合理事半功倍

学会整理床铺之后就可以试着让孩子自己动手来打扫卧室了，但是这个过程一定要有家长的指导，不然的话，孩子很可能会把家里搞得像战场一样，一片狼藉。

在只有"你自己去打扫房间"这个简单指令的情况下，孩子往往靠"意识流"来做事，物品的整理、摆放是随机的，清扫、擦灰的顺序也完全是"靠缘分"。时常会出现这个地方收拾好了那个地方又变脏的情况，浪费了时间不说，关键还会让孩子的成就感大打折扣。

在打扫房间这件事情上，成年人的生活经验和逻辑思维就明显占优势了，父母需要给孩子灌输全局意识，确定好打扫顺序和方法，帮助孩子在自

己的小天地里掌控全局。

（1）从上到下、从内到外的指导原则

虽然不似大扫除那般要进行从房顶到地板的全面清洁工作，但日常卧室的打扫还是会包括整理物品、扫地、擦灰之类的诸多杂货。要想事半功倍就要把握"从上到下、从内向外"的原则，避免打扫过程中产生的灰尘对物品产生二次污染。

（2）整理物品时要设置"原本位置"

"原本位置"就是给每件物品都找一个"家"，是一个人为规定的位置。如果东西都随处乱放，那整理对于孩子来说就是千头万绪、无从下手。由于孩子房间的物品相对较少，确定好几个主要的"原本位置"就能将凌乱的空间变得井然有序。

书架：是摆放书本的地方。将书本按大小、不同类型分类摆放。

衣柜：放干净衣服的地方。要将衣物叠好，摆放整齐，脏衣服应放进脏衣篮。

箱子：收纳玩具之类的小件物品。

桌面：摆放电脑、水杯等物品，尽量整洁，不要堆放杂物。

（3）先用扫帚清扫再用抹布擦灰

整理好物品之后就要进行打扫工作了，首先要拿扫帚把浮灰、头发、纸屑等扫干净，然后再用抹布擦拭。不然的话，灰尘遇水就会和泥了，如果这些"泥"附着在颜色较浅、质地粗糙的家具表面，再想打扫干净就很难了。

最后要告诉孩子，脏乱之后再打扫不如平时注重保持，要珍惜劳动成果。别小看这些琐事，育人于无形依靠的就是这些琐事的力量。

5.清洗碗筷——内外边缘都要清洗

如果没有家长的指导，孩子可能会认为洗碗不过就是把碗放进水盆里涮一涮然后捞出来这么简单。而实际上，洗碗是防止病从口入的一道重要关口，不但要把看得见的食物残渣洗干净，还要避免看不见的细菌滋生以及洗涤剂的残留。那么，怎样洗碗才能达到这些目的呢？

（1）教给孩子正确的洗碗方法

首先，准备一个干净且足够大的盆，在其中倒入清水，把使用过的碗、筷子等餐具放进水中泡一会儿，这个过程不宜过长，5分钟左右就可以了。如果是盛装米饭、酱料或者年糕之类的碗，可以酌情延长浸泡时间。

泡好之后将洗碗布弄湿，在上面涂上适量的洗洁精，将碗的内侧、外侧都要清洗干净，特别是碗的边缘、吃饭时和嘴唇接触的地方都要着重清洗，筷子每一根、每一个部位都要认真清洗，千万不能只在水中涮一下敷衍了事。洗完后还要在水龙头下面，用流动水将它们都冲洗干净，避免洗涤剂残留。

以上只是完成了清洗工作，接下来还要和孩子讲一下消毒的过程。洗完后，将碗筷放在盆子里，用开水烫一下，这样一来，残存在碗筷上的有害细菌才不会对我们的肠道造成威胁。有条件的情况下，放入消毒柜消毒也是不错的选择。

（2）清洗碗筷中要注意的小问题

①怎样减少化学物质残留

虽然洗洁精中的很多化学物质会对健康造成不利影响，但是有时候餐具油垢太多，又必须要用洗洁精清洗，那怎么办呢？我们可以把这个小技巧教给孩子：将洗洁精用量减半，同时加入少许盐，这样既能达到同样的清洁效果，同时还减少了化学物质的残留。

②顺序合理会更加省水

我国水资源的储量巨大，但人均水资源量却是很少的，有些地方的人连吃水都比较困难，所以我们没有理由去浪费，在生活中要处处节约用水。要告诉孩子采用合理的顺序洗碗，比如先洗杯子等玻璃餐具，然后再洗筷子、勺子，接着清洗油污比较少的饭碗和汤碗，最后再洗油污比较重的盘子，这样会比毫无顺序地清洗要省很多水。

③洗碗工作要"当日事当日毕"

孩子在刚开始做家务的时候很容易犯懒，不愿意每顿饭后及时清洗，而是攒多了再一起洗，这种做法非常不可取，因为碗筷浸泡得时间越长，就越容易滋生细菌，因此应"当日事当日毕"，将用过的餐具、炊具及时清洗。

（3）洗碗是一堂跨越时代的亲子课

教孩子洗碗，不单是教他生活技能，还蕴藏着做人的道理。有一个关于洗碗的故事可以给我们一些启示：

最近与朋友闲聊时，他突然问我："你知道怎么洗碗吗？"

我愣了一下，诧异于这么简单的事，还需讨论吗？可是，看着他一脸严肃，想了想回答道："不就是冲水、用洗洁精洗净、再冲水、沥干这些程序吗？"

"是这些程序没错，但重点在哪里？"他又问我。

"重点在哪里？"我不自觉地坐直了身体，想了一下说，"我真不知道呢！"

朋友似乎看出了我的困惑，竟笑了起来。他说："我告诉你一个秘密，一个影响我一生的重要故事。8岁那一年，我清楚地记得在放学后，父亲郑重地搬了一只小板凳，放在厨房洗碗槽的旁边，指着板凳说：'站上去。'于是我怯怯地站了上去，在洗碗槽边看着父亲把杯盘碗筷分类清洗，当洗到碗、盘的底部时，父亲突然停顿了下来，意味深长地说：'这些盘底、碗托，都是眼睛不易看到的地方，甚至也是手较少触摸到的地方，可是却是最重要的地方，就像我们做人一样。'我当时懵懂的思想里并不觉得洗碗与做人有什么关系，只记得父亲这些奇怪的话。30年过去了，我也有了30年洗碗的经验，那只小板凳早已坏掉了，可是父亲的话却始终响在我耳边。洗碗，除了碗面、盘面要光洁明亮外，盘底与碗托这些不为人易见的地方更要洁净，就像我们每天洗澡只是清洁了我们的身体一样，无法去除我们心灵的污点，而我们的心灵就如碗托与盘底，虽然不易被看到，却应当保持清洁和光亮。我们不能只注意了外表，却忽视了内在。"

说着说着，朋友的眼里竟然泛起了泪光，他继续说："父亲已经忘了说过这些话了。但没关系，我还记得。我已教过我的孩子如何洗碗了。"

的确，洗碗的过程就和做人一样，不能只追求表面而忽视内在，要时刻保持内心的整洁、明亮。虽然孩子现在可能还听不懂这些人生感悟，但这段属于亲子的快乐时光即使过了很多年他也一定不会忘怀。

6. 垃圾分类——环保意识从小做起

很多初到日本旅行的人感触最深的莫过于，那里有湛蓝的天空、澄澈的流水、整洁干净的街道。很难想象时间倒转三四十年那里也曾遭遇过严重的环境危机，之所以能有今天的成效离不开垃圾分类政策。

垃圾分类对日本的孩子来说，是从小就看惯了的事，成年人一丝不苟地遵守，给孩子们树立了榜样。这一点，从日本小学生处理牛奶盒这件小事上就可见一斑。

日本孩子在处理喝完的牛奶盒时，往往要经历一个烦琐的清理过程：

①在教室里，孩子们把牛奶盒里的牛奶喝得干干净净。

②喝完后，在装满水的桶里汲水清洗牛奶盒（注意：不是在水龙头下

洗，那样会浪费水）。

③把洗好的牛奶盒放在通风向阳处晾晒。

④把晒干的牛奶盒用剪刀剪开，节约空间、方便收集。

⑤工作人员会来到教室取走牛奶盒，回收再利用。

解决环境问题最有效的办法就是垃圾分类、回收再利用。虽然，我们的一己之力不能改变大环境，但完全有能力把孩子培养成一个"环保小卫士"。每个人的一小步，团结起来就是一大步。

（1）把环保意识深植于孩子心里

对于孩子来说，习惯的养成绝对不是说一句话、做一件事就够的，往往需要一个"特别"的契机才能引起他们的重视。每年的 4 月 22 日是"世界地球日"，父母可以在这个特殊的日子里唤起孩子的环保意识，教孩子一些垃圾分类知识，把环保意识深植于孩子的心里。

（2）掌握必要的垃圾分类知识

分类内容：垃圾分为可回收和不可回收两大类，其中可回收垃圾包括废纸、塑料、玻璃、金属和布料五类。每回收 1 吨废纸可造新纸 850 千克、节省木材 300 千克、同时减少约 74% 的污染。不可回收垃圾包括厨余垃圾、有毒有害垃圾等。剩饭、骨头、菜根等食品类垃圾，经堆肥处理后每吨可生产 0.6 吨～ 0.7 吨的有机肥料。废旧电池等有害垃圾经过合理处理后也会在一定程度上减少对空气、水资源的污染。这些必要的环保知识，家长都可以借机讲给孩子听，便于孩子从小形成良好的环保理念。

分类方法：不同类型的垃圾有不同的分类方法，父母可以根据自家的实际情况，在日后的生活中慢慢教给孩子。

①纸类垃圾尽量避免揉团，要叠放整齐并捆绑好后再丢弃。

②瓶罐类物品应尽可能将容器内产品用尽、清理干净后再丢弃。

③厨余垃圾应做到袋装、密闭投放，避免汤汁、异味的产生。

④塑料制品，如瓶子等最好捏扁后投入相应的回收装置。

（3）倒垃圾不是一"丢"了事

①按照标志小心轻放

投放时应按垃圾分类标志的提示，分别投放到指定的地点和容器中，即使面对只有一个垃圾箱的情况，做好分类也会方便相关人员的回收。比如，专门捡瓶子、收废纸的人。另外，玻璃类物品应小心轻放，以免用力过大导致破损，划伤自己或他人。

②方便他人的原则

倒垃圾不是一"丢"了事，投放后应注意盖好垃圾桶的盖子，以免气味扩散、蚊蝇滋生，对周围的环境和他人的生活造成不利的影响。

培养孩子垃圾分类的好习惯并不单纯是为了把居家环境变得清洁、优雅，更多的是给孩子灌输环保的理念，把他带入自然中，教他敬畏自然、保护自然，让一切源于自然的回归自然。

7. 照顾花草——埋下责任感的种子

教育是一个不断探索的过程，人类的智慧起源于自然，在征服茫茫自然、建立起现代文明之后又返璞归真，将教育的起点重新拉回自然。现在，国外的很多国家都推崇自然教育理论。

韩国有自然育儿法，法则的核心就是将孩子的生活、教育、游戏等都尽可能回归自然，最大限度地使孩子在自然的状态下成长。

德国有农庄幼儿园，目的是让城里的孩子每天都能亲身经历农场的运

作，了解农民是如何耕种土地、饲养牲畜的，并通过亲身参与劳动的形式学会承担责任。

美国也有类似的蕨菜森林幼儿园，在这里没有课桌没有教室，一切都要在森林中寻找。除此之外，在"小升初"前，所有孩子都要参加"自然课堂"，老师会教给孩子一些野外生存技能，指导他们如何钻木取火，尝试在没有食物的情况下靠吃植物、昆虫等生存。

这些自然教育理论之所以广受推崇，在于人们逐渐意识到了知识、能力从来都不是在封闭式的环境里传授的，体验式的环境更能调动孩子的积极性，使他们乐于接受新事物，并通过亲身体验来明白什么是责任和担当，这样的成效仅仅依靠口头教育是很难达到的。

虽然，我们还没有这样大规模地在集体中开展自然教育，但很多学校已经开始建议家长以家庭为单位，通过鼓励孩子种花种草来探索自然的奥妙，体会责任与担当。很多参与活动的家长都在感叹，给孩子一盆花、一袋肥、一壶水，你会发现他有令人惊喜的变化。

海辰爸爸："最开始我们也是觉得好玩才参加了活动，海辰每天坚持照料种子，浇水、施肥、晒太阳，没有一天懈怠。真没想到二年级的孩子责任意识居然这么强，我和海辰妈妈都感觉，孩子埋入土中的并不是简单的花种，更是一颗责任感的种子。"

思齐姥姥："思齐每天放学后都会去侍弄他的花花草草，我问他为什么这么认真，他居然回答说：'姥姥和妈妈每天照顾我很辛苦，所以我要把花养大，等到开花的时候，一朵送妈妈，一朵送姥姥。'种花还能帮助孩子体会家长的辛苦，真是一件难得的好事。"

妙童妈妈："我和妙童爸爸都是山村长大的，从小看惯了山川河流，可现在的孩子已经很难体会到诗情画意的自然生活了，我们希望通过花草把她引领到自然之中，享受一种诗意的生活。"

孩子在上小学的时候就可以尝试种花种草了，在合适的季节把种子埋进泥土，按时按需地浇水施肥，剩下的就是耐心守望、静待花开。一般情况下浇花都本着"干透浇透"的原则，但是不同品种的花卉在水量和频率的需求上略有不同，家长可以把以下的原则告诉孩子：

（1）根据种类来判断需求

通常情况下，叶片硕大而柔软的花卉，其叶面的蒸腾量较大，对水的需求也会更多，浇水的频率与水量也要相应增加。相反，叶面狭窄的花卉，水分散失得比较慢，需水量也少些。

（2）根据季节来判断需求

夏季温度高，需水量会增大。冬季气温低、湿度大，需水量自然相应减少。

（3）根据长势来判断需求

枝叶茂盛、生长强健的花卉需水量较大。叶片稀疏、长势较弱的则需水量减少。

如果孩子难以理解就告诉他：花"喝水"就像人喝水一样，体型高大、身体健壮的人消耗的水量相较于身材瘦小、体质孱弱的人自然会大出很多，另外夏季人往往会由于出汗量大需要更多地补充水分。这样一对比，孩子自然就能够把抽象的知识具体化，感同身受，更好地把握浇花的水量与频率。

一花而见春，一叶而知秋，窥一斑而见全豹，观滴水而知沧海。在一朵花里为孩子埋下责任感的种子，用心耕耘、用爱呵护，即使再平凡不过的点滴也会收获意想不到的感动。

小学高年级（9～12岁）

有一个富裕的老太太最近购置了一件新厨具，厨具寄到家里的时候是零散的，需要组装起来才能使用。老太太决定亲自动手，于是她拿起说明书认真地读了起来，一边读一边想，过了好久也没弄明白如何组装，老太太心里犯嘀咕：这个说明书一点儿用也没有，我不看了。于是她就气呼呼地走了。

过了一段时间，老太太意外地发现，家里的女佣竟然将那件复杂的厨具组装完成了，而且严丝合缝，使用起来极为顺手。惊讶之余，老太太问她："你是怎么做到的呀？"女佣回答："夫人，我不识字，看不懂说明书，只好边动手边琢磨，多试几次就装好了。"

很多时候，成年人会囿于思维定式，习惯于停滞在知识层面打转，从而忽略了双手的能力。孩子则不同，他们已经具备了一定的生活常识，同时又有着强烈的动手欲望，只需稍加点拨，便能轻松掌握基本的生活技能。

1. 整理衣柜——不做"乱室佳人"

20世纪80年代出生的父母大都对动画片《邋遢大王历险记》印象颇深。

故事里的小男孩外号"邋遢大王"，他不讲卫生、乱扔废物、脏东西也照吃不误。企图征服人类、称霸地球的鼠王看中了他，在橘子水里投下药丸，把他变成了和老鼠一般大的小人，送到鼠国实验室去当"秘密细菌"的实验品。几经辗转，小男孩在小白鼠的帮助下才逃脱鼠国，重回地面。邋遢大王尝到了邋遢的苦果，从此再也不邋遢了。

虽然情节惊险，但好在只是一个故事。可是，"80后"父母刚送走记忆里的邋遢大王，却又迎来了现实生活中的乱室"佳人"。我们的孩子为什么不喜欢整理衣物呢？为什么总是把衣柜搞得一团糟？除了父母娇惯这条因素之外，更多的时候是不得要领，常常表面看起来干净整洁，但只不过把看得见的"乱糟糟"变成了看不见的"乱糟糟"而已。

整理衣柜的目标是：一拉开抽屉，一眼就能找到想要的东西。要想达到目标，这其中的方法很重要，还需要家长在平时的生活中慢慢地教给孩子。

（1）把衣柜空间合理分类

英国的两位学者马克斯和斯宾塞对两千多名男女进行了一个调查，结果发现：人平均一生中要花一年左右的时间来决定自己穿什么，这其中的时间除了用于考虑搭配问题之外，还有很大一部分花在了寻找要穿的衣服上。

为了避免这种不必要的时间消耗，教孩子整理衣柜的第一步就是把衣柜分区，按照衣柜的结构划分出不同的使用空间。比如，最上层的地方摆放被褥、过季衣物等不常用的物品。中间的视线平视的区域摆放应季衣物，根据空间大小可以区分出悬挂区、折叠区。最下面的区域空间比较小，就可以放一些内衣、袜子等小件衣物。把这样的分类概念告诉孩子，不但能提高收纳效率，还能够避免他把衣服到处乱放，节约寻找衣物所花费的时间。

（2）衣物的整理技巧

在划分好空间之后就要落实到具体的整理技巧上来，孩子常穿的外套、裤子、内衣、裙子等，每个类型都有具体的整理技巧，需要家长一一教给孩子。

①外衣悬挂

孩子常穿的外套、校服最好悬挂在衣柜明显的位置，这样做的好处一方面是随手就能拿到，从而节约时间，另一方面还能避免折叠产生的压痕，使孩子的穿着更加整洁。除了上衣之外，裤子也可以选择专门的裤挂来悬挂，会更加节约空间。

②内衣折叠

像秋衣、秋裤或者其他内衣裤等穿在里面的衣物，最好折叠之后再摆放到衣柜里。折叠时把衣服折成长方形，然后"立"在衣柜的下层，这样在需要穿的时候可以一目了然，方便寻找。

③换季衣物的处理

首先，舍弃不适合的衣物。对于破损的衣物要及时处理，适当的"断舍离"可以让生活保持新鲜感。对于款式尚新、质量也还不错的衣服，选择回收处理和捐赠都是不错的方法。

其次，清洁后再进行收纳。衣服换季整理收纳以前，一定要先清洗干净，哪怕只穿过一两次的衣物也不能直接收进衣柜，因为污垢很容易滋生菌斑，留下清洗不掉的污点。

最后，不同的衣物要分类存放。将需要换季的衣物按照裙子、T恤、牛仔裤、棉服等，分类收纳。另外，对于深浅不一的同类衣物建议最好分色收纳，避免在空气潮湿的环境下，衣物叠压在一起久了，相互染色。

（3）巧用收纳工具让衣柜更加有序

分隔式储物盒子、收纳袋等收纳工具可以帮助孩子把琐碎的杂物变得秩序井然，比如，毛巾、袜子、腰带等小物品，通过充分利用每一寸空间，教孩子把衣柜变大、变得更有秩序，而不是发现孩子的衣物过多时就盲目地添置储物家具。

2. 自己刷鞋——好好珍惜少年时光

陈奕迅演唱的歌曲《白色球鞋》里面有一段歌词：

到一定年纪总算明白

美好的事物好像大部分都在青春时候发生

那天无意中翻出了那双发黄的白色球鞋

依然还有心跳温度

……

如今大了那样感动难重复

幸福和那双球鞋放记忆最深处

在我们的青少年时代，白球鞋、蓝校服就是青春的标志。体育课的时候，只见一双双球鞋在阳光下白得发亮，男生穿着它在操场上挥洒汗水，女生则在树荫下坐成一排为男生呐喊助威。记忆里的白球鞋，总是伴随着夏天，伴随着快乐的日子。在那个全民"撞鞋"的时代，大家无力改变鞋的样子就只能另辟蹊径，靠"美白"程度从一众白球鞋中脱颖而出。那个时候我们这样刷鞋：

首先，刷鞋的工具就很讲究，不但要有刷鞋的大刷子，还要准备一支废旧小牙刷。大刷子用来刷鞋面、鞋底等表面积较大的部位；小刷子则用来深入鞋子内侧，或者接缝等比较狭窄的空间。像这样"双管齐下"才能在"美白"的竞争中拔得头筹。

其次，刷鞋的过程也格外认真仔细，要先把鞋带拆下来，因为鞋带和金属穿孔之间会由于摩擦而变黑，所以要单独清洗。洗鞋的时候要先打一盆清水，把洗衣粉倒在水中融化掉，之后再用刷子蘸水后开始刷鞋，如果直接把洗衣粉倒在鞋上的话，过多的洗衣粉就很难清洗掉了。鞋尖部位一定要拿刷子用力蹭一蹭，这个部分很容易脏，如果刷不干净的话是很影响整体的美感的。

最后，晾晒的过程更有门道，一定要选择在通风的地方阴干，否则，太阳光一定会把辛辛苦苦刷干净的白球鞋晒黄。那时候的我们，为了让鞋子更白一点儿，总会在晾晒的过程中在鞋子表面紧紧地裹上一层白色的卫生纸。

除了"美白"之外，我们还会在刷鞋前喷一点白醋在鞋里面，白醋不仅能除臭而且有杀菌的功效。

白球鞋陪我们走过青春岁月，简单、纯粹，一如年少的心情。岁月匆匆，现在的孩子也穿白球鞋，但已经很少有人自己刷鞋了。要么就是麻烦妈妈，要么就是交给专门的洗鞋店代劳，或者干脆就脏着，并为自己的懒找了一个时尚的借口——脏一点儿更有型。但是要知道，除去睡眠之外，人的脚大部分时间是在鞋里度过的，它的整洁与否关乎着我们的健康，也展现着我们的个人形象。所以，教孩子自己动手刷鞋吧，把能留下的美好都放在青春，等他长大的时候再回首，也能像歌词中哼唱的那样，"幸福和那双球鞋，放记忆最深处。"

3. 制订菜单——要照顾大家的口味

父母们可能每天都会被这三个问题困扰：早餐吃什么？午餐吃什么？晚餐吃什么？这些问题就像摆在面前的三座大山，压得人透不过气来。物质生活的提高并没有让我们的一日三餐变得简单，相反，选择的多样竟然带来了更多的麻烦。更让人头疼的是，很多时候父母绞尽脑汁做出的饭菜还常常不合孩子的口味。那何不拉上孩子一起，让准备家庭菜单的过程不再枯燥，也能照顾到每个人的口味呢？

准备家庭菜单应该本着以下几个原则：

（1）营养均衡、主菜副菜合理搭配

家庭菜单最主要的原则就是荤素搭配、营养健康。如果其中一顿主打肉食的话，那副菜最好选择青菜、清淡的汤羹等能够中和油腻的菜品。

（2）加入时令蔬菜让食材更加新鲜

虽然现在的蔬菜市场一年四季都琳琅满目，但很多蔬菜还是有它的时令，在合适的季节吃起来味道才会更加鲜美，也更健康。比如，春天的时候可以在菜单里加入香椿、春笋之类的蔬菜；夏季的时候黄瓜、西红柿等会格外新鲜；秋季到来时可以选择加入秋葵、莲藕之类温补的蔬菜；冬天的时候萝卜则可以驱寒理气、帮助消化。这些时令蔬菜家长都可以当成小知识讲给孩子听，让孩子根据自己的口味来选择。

（3）不要在一段时间内多次重复食用同一道菜品

很多家长会因为孩子的喜欢，而在一段时间内多次重复烹制同一道菜，这样做不但营养不均衡，还会容易吃腻。最好提前列好一周的家庭菜单，各种蔬菜交替着吃。如果孩子吃不够的话可以隔两天循环着做。另外，如果遇到传统节日，还可以把节日的特色美食加入家庭菜单之中，这样既丰富了菜单，同时又提升了节日氛围。

（4）准备每个人喜欢吃的饭菜

小昭的爸爸妈妈最近交给了她一项重要的任务：更新每周的家庭晚餐菜单。小昭在刚接到这个任务的时候还觉得很不耐烦，感觉这是家庭主妇才要做的工作。可最近这两周小昭愈发觉得这是一件美差，可以把自己喜欢吃的东西尽情地列在菜单上，周一吃糖醋排骨、周二吃松鼠鳜鱼、周三吃毛蟹年糕……把自己喜欢的甜食吃个够。

这样的食谱可是害苦了小昭的爸爸。小昭的爸爸是一个西北人，自然吃不惯这样甜腻的口味，可是又觉得直接说出来会打消小昭的积极性，另外也达不到教育的目的。于是小昭爸爸每顿饭都会吃得少一点儿，吃完后就早早到书房看书。小昭见往日在餐桌上狼吞虎咽的爸爸最近食欲减退，觉得很奇怪，在观察到爸爸几乎只吃主食而很少吃菜后瞬间明白了什么。于是在下周的菜单里，爸爸又见到了自己喜欢的菜。

家庭菜单一定要照顾到每一个人的口味，把制订家庭菜单的任务分配给孩子，在这个过程中孩子学到的一定不只是营养搭配这么简单的事，还有

家庭成员之间的相处之道，从体恤父母出发，把照顾他人的习惯带到家庭之外，融入以后的社会生活中。

4.使用小厨具——为不饿肚子做准备

一名五年级的男孩在日记里写过这样一件事：

> 妈妈今天又加班，我一个人在家饿得心里发慌，于是就到冰箱里去翻东西吃，可打开冰箱门之后我却傻了眼，里面除了半碗米饭是熟的之外，其余都是生的，根本就不能吃啊！都说"巧妇难为无米之炊"，可是有米却不会把它煮熟岂不是更大的痛苦！真是后悔当初妈妈煮米饭的时候我没有学一下，要是我会煮饭、会炒菜、会……算了，还是别想了，越想越饿，还是回房间睡觉去吧。

案例中的男孩肯定不是个例，和他有过相似经历的孩子肯定不在少数。他们就像嗷嗷待哺的雏鸟，三餐都要由父母来照料，一旦父母因为工作或其他原因没能准时回家，就只能一个人饥肠辘辘。虽说做一大桌子饭菜很难，但对于小学高年级的孩子来说，给自己准备简单的饭菜并不算什么难事，只需掌握一些常用厨房电器的使用方法，便可以避免饿肚子的情况发生了。

（1）教孩子用电饭锅煮饭

用电饭锅煮饭对于成年人来说是一件再简单不过的小事，但对于孩子这样的初学者，父母如果不想看到他把米饭煮成一锅粥的话，最好不要只用"把米放进去就好了"之类的话一带而过，而是要把详细的过程教给他。

第一步：要先把电饭锅内胆洗干净，并往其中放入适量的大米（根据每个家庭人数的多少以及饭量而定），然后把米中的杂质，如沙粒、泥土之类的挑干净。

第二步：在内胆中加入适量的水来给大米"洗个澡"。洗的时候要用双手搓一搓，然后冲洗 2～3 次。这个过程中会产生的淘米水最好不要倒掉，用来浇花是一个不错的选择，既可以给花提供养分，同时也能减少水资源的浪费，是一举两得的好办法。

第三步：在内胆中加入适量的水。这个加水的过程可是一个技术活儿，加太少米饭会硬，加多了有可能变成一锅粥。传统老式的电饭锅一般依据"一碗米两碗水"的比例，但现在的电饭锅一般都比较省水，父母要根据自家的经验把具体的水量告诉孩子。

第四步：把内胆外面底部的水分用抹布擦干（这个过程非常有必要，父母一定要把这个安全原则讲给孩子），然后放入电饭锅中，接通电源，选择煮饭按钮。

父母还应告诉孩子，电饭锅在煮饭过程中，上方的出气阀会不断地冒出高温蒸汽，千万不能用手去摸。另外，煮好米饭之后不能马上把电饭锅的盖子掀开，要等到出气阀落下之后再打开，避免锅内压力过大而发生危险。

（2）教孩子用微波炉加热食物

微波炉的主要作用就是加热食物，除此之外还兼具解冻和脱水等功能。使用它加热食物时，只需要把食物放进去，然后调节好时间就可以了，比传统的用水蒸气加热食物的方法要简单、方便得多。但是，微波炉并不是什么东西都能加热的，操作不当可能会有害健康，甚至发生危险，所以家长一定要把使用微波炉的注意事项告诉孩子。

①普通塑料容器不能放入微波炉。因为高温加热会使塑料容器变形，而且会释放出有毒物质，污染食物，危害人体健康。

②金属器皿不能放入微波炉。铁、铝、不锈钢等金属器皿在放入微波炉

加热过程中，会反射微波，并与微波炉之间产生电火花，既损伤炉体又影响食物加热。

③密封食品一定要打开盖子后再放入。封闭空间产生的热量不容易散发，易使容器内压力过高，从而引起爆炸事故。一定要告诉孩子，千万不能因为省事而忽略，以免酿成事故。

④不要加热油炸食品。高温情况下油会发生飞溅导致火灾，十分危险。

（3）教孩子用煮蛋器煮蛋

煮蛋是一种最大限度地保留鸡蛋营养的烹饪方法，每天吃一个煮蛋对孩子的生长发育大有裨益。但是煮蛋也是一门技术活儿，时间短了可能煮不熟，时间长了又会太老，这种时间的拿捏成年人都不一定能把握好，更何况是孩子。但是，使用煮蛋器就没有这种烦恼，煮蛋时只需把蛋放入煮蛋器中，按照规格加入适量的水，然后根据口味选择"老""中""嫩"三种类型就大功告成了。掌握了这项技能，孩子也会变成"煮蛋行家"。

（4）教孩子用榨汁机榨果汁

榨汁机最大的好处就是把需要嚼着吃的水果变成可以喝的果汁，让感官体验更加丰富。不同品牌的榨汁机操作方法大同小异，只需将水果去皮洗净，切成合适的大小，然后放入榨汁机的加料口，开启电源，便能榨出一杯既有营养又新鲜的果汁了。孩子掌握了榨汁机的使用方法之后就可以根据自己的喜好制作搭配出不同的饮品———一杯香蕉牛奶、一杯金橘柠檬、一杯蜂蜜柚子汁，只要脑洞足够大，榨汁机可以承载孩子无限的创造力。

（5）教孩子用多士炉烤面包

三明治是很多孩子的心头爱，孩子常会选择在便利店购买。其实，三明治的做法非常简单，家长完全可以引导孩子自己动手准备。制作三明治的第一步就是烤面包，这时家里的多士炉就派上了大用场，只需把面包放在加热槽中，接好电源，按下开关，待面包烤得两面金黄时就会"嗖"的一声弹出来，然后选择夹入自己喜欢的培根、青菜、果酱，一个香喷喷的三明治就准备好了。

以上这些小厨具操作简便又相对安全，家长再把注意事项教给孩子之后完全可以让孩子自己去动手准备一些简单的食物，给他大显身手的机会，让他在锅碗瓢盆间探索乐趣、享受生活。

5. 动手做早餐——健康问题不能马虎

12岁的男孩东东最近经常感觉腹痛难忍，偶尔还会伴随呕吐的现象发生，起初东东父母都认为应该是孩子不小心吃坏了肚子，也就没有在意，直到一天夜里，东东浑身发热、痛得在床上打滚，父母才带着他来到医院就医。

令东东父母做梦也没想到的是，东东的胃部竟然有一个直径达2厘米的穿孔。在和东东父母沟通之后医生认为，东东的胃痛与长期不吃早饭的习惯有关，医生说："胃溃疡一般情况下很少发生在孩子身上，多见于工作繁忙、作息不规律的成年人。像东东这么小就得了慢性胃溃疡，很可能与不吃早餐的生活习惯有关。"

虽然这次胃穿孔得到了及时的救治，但医生告诉东东，养成健康的生活习惯才是预防胃病最好的方法，否则下次再生病，就不是只住几天院这么简单了。

对于正处在生长发育期的孩子来说，不吃早饭的危害体现在生活的诸多方面。

（1）学习方面

如果孩子不吃早饭，大脑就不能够得到它正常运转所需要的能量，进而导致反应迟钝、精神涣散，严重影响孩子的学习效率。

（2）身材方面

如果不吃早饭而其余两餐大量进食，再加上缺少运动的话，很容易造成脂肪堆积，进而导致身体肥胖。这对于即将步入青春期的孩子来说可不是一件令人愉快的事情。

（3）健康方面

如果不吃早饭，胃里面的胃酸没有食物来消化，那它就会去"消化"胃黏膜层，在胃部形成创面，严重时会造成胃溃疡或者胃穿孔等疾病。

既然不吃早饭不行，那么只要吃早饭就一定能保证健康了吗？当然也不是。如果只是为了果腹而吃一些不健康、不卫生的早餐，同样也不利于身体健康。尤其是炎热的夏季，学校、地铁、公交站附近常会有各式各样的路边早点摊，孩子们喜欢匆匆忙忙在早餐摊上吃点儿就上学，这种摊点不能保证卫生条件，极易导致孩子出现急性肠炎、胃炎等疾病。

一天之计在于晨，早餐吃得规律、吃得健康、吃得安全，孩子才能茁壮成长。在孩子掌握了常用厨房电器的使用方法之后，家长完全可以带着孩子一起准备早餐，或者干脆"退居二线"，让孩子自己准备早餐。孩子的积极性一旦被调动起来，养成习惯也就是水到渠成的事了。

6.使用吸尘器——动手工作，动脑思考

在科技日益进步的今天，生活已经便捷到几乎用一部智能手机就能搞定衣食住行等方方面面的事情。衣服可以网购，食物可以叫外卖，出行可以网上约车，甚至打扫房间都可以用扫地机器人来做。

那么，我们到底还有没有必要教孩子给房间除尘这样的小事呢？

佛经里有一个说法叫"扫心地"，说的是由给地面除尘到给心灵除尘的一种造化和修为，看到脚下的土地随笤帚所到之处变成寸寸净土，心灵也就

清净澄明了。另外，《朱子家训》中也讲到"黎明即起洒扫庭除，要内外整洁"。"洒扫"是古代人修身、治家的头等大事，以史为鉴可明得失。除尘并不只是一种劳动，还是一种修为，这样的习惯我们怎能废止！

除了传统的扫帚等打扫工具之外，很多家庭还会准备吸尘器给房间做彻底清扫，很多时候孩子都是看大人操作，而没有独立使用的机会。吸尘器并不复杂，家长完全可以放手给孩子，教他这样做：

（1）除尘之前要先做好整理工作

除尘和整理是有本质区别的，是两项完全独立的工作，之前的章节我们已经教给了孩子整理房间的方法，这里要告诉他在用吸尘器除尘之前要把房间整理干净。否则，一边除尘一边整理只会让房间越来越乱。

（2）使用吸尘器的方法

除尘的要点是"不能发生二次污染"，如果向前推动吸尘器的话要保证自己脚踩的地方已经打扫过了；如果向后拉动吸尘器就要先把吸尘器摆放的位置打扫干净。在除尘的过程中，桌子底下、墙角等缝隙处要重点打扫。地毯等容易藏灰尘的地方要按照沿着纤维的方向和逆着纤维的方向清理两次。

（3）吸尘器的收纳

吸尘器用完之后要放回原处，一般的家庭都喜欢把吸尘器摆放在走廊、墙角等不碍事的地方，如果空间比较狭小的话，一定要告诉孩子轻拿轻放，避免磕碰墙壁和吸尘器的刷头。

（4）和孩子聊聊吸尘的原理

小学高年级的孩子已经接触了简单的物理原理，他很可能想对吸尘器的工作原理一探究竟。

四年级的明轩最近迷上了"静电"，在学校科学课讲完静电吸引作用后，明轩总是会拿着塑料尺子到处"摩擦摩擦"，然后放到头上吸引头发，玩得不亦乐乎。最近在帮妈妈做家务的时候明轩突然脑洞大开："吸尘器能除尘

是不是也和静电吸引原理一样啊？要是这样的话是不是就不用再浪费电了啊！"在好奇心的驱使下，明轩拿着吸尘器刷头在地毯上用力地"摩擦"了好一阵，可令他失望的是，吸尘器并没有工作。

"铩羽而归"的明轩跑过来向妈妈求助："妈妈，咱家的吸尘器不是利用静电原理工作的啊？它为什么能除尘呢？"在妈妈的帮助下，明轩了解到了家用真空吸尘器的工作原理主要是利用压强。吸尘器工作时，电机高速旋转，把贴近地面的空气吸走，形成类似真空的环境，由于大气压强的作用，地面上的碎屑、毛发等垃圾就被外部大气压推进吸尘器，进而达到除尘的目的。虽然说都和电有关，但两种电能的作用方式并不一样。

除尘不只是一个动手的过程，更是一个动脑的过程，手脑并用才能激发孩子的求知欲和探索欲。

7. 打扫卫生间——勤劳的孩子最漂亮

新东方创始人俞敏洪在一次演讲中提到过一个打扫卫生间的故事，他认为打扫卫生间这件事背后也会隐藏机遇。他说：

我每年都要面试几百个本科生，坦率地说，大部分人都眼高手低，恨不得上来就当总经理，上来就给他一份全世界工资最高的工作。有的时候，我会试探一下，对他们说："同学，所有你想要的工作，我这儿都没有了，但是我现在有两个卫生间没人打扫，你愿不愿意干？"几乎不会有学生接受这个工作，实际上，他在拒绝打扫两个卫生间的时候，失去了一个非常重大的机会。

我让一个大学毕业生去打扫两个卫生间，很明显是在考验他。在打扫卫生间的时候，我绝对会关注他的一举一动，当他把两个卫生间打扫好之后，我能让他一辈子打扫卫生间吗？至少我会给他涨工资，然后把4个卫生间教给他打扫。当他把4个卫生间都打扫干净以后，我肯定不会再让他打扫8个卫生间，我会考虑是不是把所有打扫卫生间的后勤人员都交给他管理，这样他不是很自然地就变成了管理者了吗？当他把这些打扫卫生间的人员管理得井井有条，整个公司的环境因为他的管理变得赏心悦目时，我不把他提拔到后勤主任这个位置上，我提谁？如果他把后勤主任干得非常出色的话，我不把他送到哈佛大学去读MBA，我送谁？当他把MBA读完了回来时，他不当新东方的总裁，谁当？

究竟打扫卫生间之后会不会有机会当上新东方的总裁我们不得而知，但至少可以肯定的是，通过微小的事情锻炼出来的细致、踏实、责任感，还有坚持不懈的优秀品质是年轻人在未来竞争中所必需的。

日本有一种说法：孩子打扫卫生间会变漂亮，为的就是鼓励孩子放下包袱做家务。第一次或许很不情愿，第二次、第三次……习惯了也就不会抗拒了，况且一般情况下家庭卫生间也不会太脏。卫生间里的设施一般都是反光性较强的材质，如果光洁、干净，自然会给人一种心情舒畅的感觉。那么，怎样把卫生间打扫得"发光"呢？父母可以教给孩子下面几个妙招：

（1）用酒精棉擦拭梳妆镜

卫生间的梳妆镜经常会迸溅上水滴，留下斑驳的水渍，影响使用，也影响美观。这时可以给孩子准备一块酒精棉，只需轻轻擦拭就可以除掉水渍，使整个镜面光亮如新。

（2）用丝瓜瓤清洗洗脸台

洗脸台在长时间使用之后表面会结成一层污垢，在潮湿的环境下这些污垢很容易滋生细菌，进而形成更难以清除的菌斑。除了使用专门的清洁剂擦拭之外，还可以告诉孩子一个环保实用的小技巧：用丝瓜瓤上抹上牙膏擦拭，可以非常有效地去除污垢，环保又有趣。

（3）用白醋去除水龙头上的水垢

家庭中的自来水多为硬水，里面含有大量的钙镁化合物，用久之后表面会发生化学反应而沉积水垢。这时可将白醋稀释，然后把抹布浸湿并包裹在水龙头的位置，让醋和水垢发生化学反应，就很容易清洗干净了。这种将课堂知识带入生活的小妙招，既能帮助孩子巩固知识，又能让家务变得趣味盎然，简直是一举两得的好办法。

（4）和孩子一起清洗马桶

清洗马桶对于孩子来说应该是一项比较艰巨的任务了，在孩子刚开始打扫卫生间的时候家长不要要求过高，孩子能够接受这项任务就已经不错了。家长最好带着孩子一起多做几次，在孩子能够完全接受的情况下再放手让他自己来。

除了清洁之外也要告诉孩子，及时地补充厕纸、洗手液之类的生活用品，也属于打扫卫生间要负责的工作。这样做是为了方便大家使用。这些生活里的点滴都是在帮助孩子学会为他人着想，帮助孩子培养认真负责、脚踏实地的生活态度。

12 岁以上

孩子一天天长大，父母除了教会他把自己照顾妥当之外，还应该帮助他和外面的世界建立联系，学着敬畏自然、学着关爱老人、学着体察他人的情绪、学着承担责任。把孩子带到世界面前，期待他为世界增文明，为人类造幸福，以青春之我，创建青春之家庭、青春之民族、青春之国家、青春之人类、青春之地球、青春之宇宙，资以乐其无涯之生。

1.照料宠物——在游戏中共同成长

对于孩子来说，宠物并不只是游戏的玩伴，更是童年的朋友。饲养宠物给孩子提供了一个接触、了解自然和生命的机会，在这个过程中，孩子能够学会很多关于动物的知识、学会怎样表达关爱、如何珍视生命等。同时他也会明白，虽然人类凭借自身的优势在自然界中占据着主导地位，但在生命面前万物都是平等的。让孩子和宠物成为朋友，对他的未来有着不可估量的作用。

美国电影《一条狗的使命》，从 2017 年初登陆大荧幕开始就赚足了影迷的眼泪。电影讲述了一条名叫贝利的狗，陪伴小男孩伊森一起游戏、共同成长，然后经历四世轮回，最终又回到了原主人伊森身边的故事。

伊森和贝利结缘于一个夏天，贝利被狗贩子关在车里几乎要闷死的时候，遇到小男孩伊森，在妈妈的帮助下伊森将小狗救回了家，并给它取名贝利。之后的岁月，贝利与伊森一起做伴、玩耍，在被窝里听伊森讲故事，帮伊森撩喜欢的女孩。伊森的童年本来是很乏味和灰暗的，父亲仕途不顺、酗酒、乱发脾气，是贝利把伊森带出了烦闷的成人世界，让他的生活里增添了许多绚烂的色彩。后来的一场大火中，贝利还救了伊森的命。再后来，伊森远行求学，贝利也迎来了暮年。在贝利的弥留之际，伊森赶到了它身边，在伊森的注视下，贝利平静地离开了世界。对于伊森来说，贝利不仅是一个童年的玩伴，更是一生的挚友。

看到别人家可爱的小猫、小狗或是其他宠物时，我们的孩子都会想要凑过去摸一摸，或对家长表示"我也想养一只"。饲养宠物固然是一件好事情，但正如影片中所说"不要因为一时冲动而养狗，而是要负担起照顾它的责

任"。所以，在决定养宠物之前，家长和孩子一定要沟通好以下几件事（以下过程以养狗为例，供家长参考）：

（1）明确饲养宠物之后谁来照顾的问题

除了负责玩闹之外，养狗还要负担起很多责任：喂食、洗澡、遛狗，这些都是必须要做的事情。而且养狗之后，家里难免会有很多脱落的狗毛，要及时清理才能保障居家环境的卫生和整洁，这些问题都要和孩子沟通妥当之后才可以做决定。对于狗来说，世界很小，一个家庭就是他的全部，养狗绝对不能只有三分钟热度。

（2）饲养过程中需要注意的安全问题

虽然大多数家庭养的小狗都比较温顺乖巧，但这并不意味着就没有危险，家长要告诉孩子不要把手放进狗的嘴巴里，也不能做出戳眼睛、揪耳朵、扯尾巴等伤害小狗的动作，以免狗受惊会对孩子做出攻击行为。

另外，在饲养小狗之前最好到动物医院给它做一次全面检查，饲养过程中要定期注射疫苗、适时驱虫等。一旦被狗抓伤或咬伤，一定要及时到医院注射狂犬疫苗。另外，孩子身上有伤口时最好也不要让他与小狗进行亲密接触。

（3）能够坦然地接纳宠物的生老病死

狗在带给孩子欢乐的同时也会给孩子带来麻烦和痛苦，它可能会生病、可能会走失，最终也会死去。对于生活阅历尚浅，尤其是和小狗建立了深厚感情的孩子来说，坦然地接纳它生病、衰老甚至死亡是件很难的事情。家长要提前给孩子做好心理建设，告诉他生老病死是自然界的规律，是每一个宠物主人都要面对的问题，不管这一天何时到来，都要坦然从容地面对。如果孩子仍旧难以释怀，家长还可以陪孩子一起给小狗举行一个简单的告别仪式，让孩子把悲伤及时宣泄掉。

2. 照顾老人——陪伴是最好的孝道

"待到重阳日，还来就菊花。"又到了菊花怒放的季节，又到了重阳节，正读高三的东亭被学校布置的实践作业搞得十分郁闷。这不，刚进家门东亭就对着正在厨房忙碌的爸爸抱怨了起来："爸，你猜学校今年的重阳节实践作业是什么？"东亭一边说一边把书包丢在沙发上。

"不会又是给老人洗脚吧！"爸爸想到了去年的场景，不由自主地笑出了声。

"对啊，每年都是洗脚、洗脚，我这从初一都洗到高三了，奶奶都嫌烦了，你记得去年不？我一说洗脚奶奶赶忙躲到了姑姑家，好几天都没回来。"东亭继续发泄着心中的不满。

一提起这话茬儿，爸爸就笑得不行，连忙放下手里的活儿对东亭说："这事不怪你奶奶，你每次给奶奶洗脚的时候都使坏，奶奶岁数大了，哪受得了被你挠脚心挠一个星期啊！"

想到这儿，东亭也笑得直不起腰，说道："这真不能怪我，要怪就怪学校没创意，年年只搞形式主义，照顾老人就一定要洗脚啊？难道就没有别的事情可做吗？"

是啊，照顾老人就是在重阳节给他们洗脚吗？难道我们在教育孩子遵守孝道的时候就没有其他的事情可做了吗？当然不是！孝敬老人是中华民族的传统美德，可以融入生活的时时刻刻、方方面面。

（1）陪伴是最长情的告白

对于老年人来说，他们最迫切的需要就是陪伴。日本老年问题研究所所长三谷隆生认为：目前老年人最大的问题就是孤独。老年人需要找人倾诉和陪伴，需要被关注，而且这种关注应该是持续的、长期的。

我们的孩子很多都是老人帮忙带大的，现在他长大了，是教育孩子反哺

的时候了。在生活中父母应该多鼓励孩子和家里的老人聊聊天，听他们讲一讲过去的故事。父母应告诉孩子，陪伴老人的时候应该有足够的耐心，当老人重复说过多次的旧事时不要急着指出来"您说过很多次了"，也不要急着说出下文。即使不想听，最好也"装装傻""偷偷懒"，换一种柔和的方式，在故事关键的节点用"嗯""是吗"等简单的词语来回应，这样做既可以满足老年人的倾诉欲望，又能给自己留下空间。三谷所长认为，多些时间陪老人聊天，可以让老人增强自信、乐观开朗，对防止老年痴呆症有明显效果。

（2）言传身教是最好的方式

用实际行动为孩子树立榜样远比给孩子讲多少古今中外的大道理要有效得多。俄国著名作家列夫·托尔斯泰曾写过一个爷爷和孙子的故事：

爷爷老了，行动不便，吃饭时口水、鼻涕一起流出来，儿子、媳妇嫌他脏，不让他同桌吃，把他赶到灶边自己吃。有一次，爷爷不小心把吃饭的瓷碗打碎了，儿媳破口大骂："老不死的，以后给你一个木盆吃饭算了。"过了几天，夫妇俩发现儿子米沙拿着斧头在做什么东西，爸爸问："米沙，我的宝贝，你在做什么？"米沙一本正经地回答："亲爱的爸爸，我在做木盆，等到你和妈妈老了之后就用它吃饭，免得打碎碗。"这时，这对夫妇猛然醒悟，感到十分惭愧，赶忙把自己的父亲请回来，并拿出家里最好的东西给他吃。

除了给孩子树立榜样之外，在面对孩子觉得老人啰唆、邋遢，甚至表现出不满和嫌弃等不礼貌的行为时父母必须及时制止，让孩子谨记这次错误，不能再犯。如若再犯，就应该采取适当的惩罚措施来让孩子尝尝苦头。

（3）陪老人一起回忆青春

一个青年给自己85岁爷爷拍摄的一组时尚街拍在网络上迅速蹿红，照片里年至耄耋的爷爷自信优雅，气场完全不输年轻明星。很多网友看过之后感慨:"老爷子的帅气已经到世界级了。"在被问及拍摄这样一组照片的初衷时,孙子表示:"之前在网上看到外国老年人的时尚生活时颇有感慨,我觉得爷爷的气质也不错,就想让他试一试,希望通过这些照片,提醒大家多花点时间陪陪家人。"

虽然过去的时光不能再来,但父母可以鼓励孩子陪老人一起回忆青春,出去旅旅游、拍拍照、享受美食,回味年轻时的生活方式。百善孝为先,孝敬老人不但要提供物质生活的保障,更重要的是给予他们心灵上的关怀与呵护,使老人心安,才是真正的孝道。

3. 招待客人——待人处事大有学问

生活中,很多父母在家里有客人来访的时候都会把孩子打发到房间去做自己的事,一来是怕打扰到客人,二来是害怕因自家的孩子礼数不周而有损颜面。这样做也许会让成年人喜获一两个小时的宁静,但对于孩子来说,他的损失却不只是时间这么简单,还有社交能力。

对于进入青春期的孩子来说,他们格外敏感、格外在意自己在别人心中的形象,如果此时孩子表现出了参与招待客人的愿望却遭到了父母的制止和拒绝,那么他的自尊心很有可能会受到伤害。久而久之,家里一来客人他就会自动躲到旁边去,甚至在集体生活中也会变得孤僻、冷漠。

招待来访客人是孩子学习待人处事的好机会,很多成功人士在年少的时候都得到过这种锻炼,或者他们在为人父母之后非常注重对孩子进行这种能力的培养。

(1)赵小兰六姐妹做 Waitress

现任美国运输部长的赵小兰可谓美籍华人里的传奇人物,她毕业于哈佛大学,两度出任政府要职,她是美国历史上第一位进入内阁的华裔,同时也是内阁中的第一位亚裔妇女。除了赵小兰之外,她家里的五个妹妹全部毕业

于常春藤名校，其中四人拿到了哈佛商学院文凭，工作之后，姐妹六人也都是各自行业的翘楚。赵小兰姐妹六人之所以有现在的成就，离不开父母在家中有客人来访时让她们做 Waitress 的教育。

赵小兰的父亲赵锡成很好客，每有客人来，六个女儿只要在家，一定出来招呼。她们以非常恭敬的态度为客人奉茶，脸上总是带着真诚的笑容。尤其令人难以相信的是，以前父亲宴客，几个女儿不是出席上桌，而是守在客人身后，为大家上菜、斟酒。当客人不解地问六姐妹的母亲朱木兰女士时，她说："不错，我们是教她们做 Waitress，但那何尝不是一种训练？我的先生常对女儿说，人生做事好像开车，不是只能直走的，有时候必须左转右转。不要把伺候客人当作辛苦的事，当读书读累了的时候，招呼客人，不也是一种休息吗？何况在这件事中，可以学到许多待人处世的方式。"

在招待客人的过程中，孩子可以学会待人接物、谈吐得体、体察他人的感受，这些都会成为日后孩子经营人际关系的好习惯。如果在这个过程中，父母能够及时地对孩子的良好表现提出表扬，将会进一步巩固孩子的热情，对好习惯的培养起到积极的促进作用。

值得注意的是，如果孩子在招待客人的过程中表现得不尽如人意，父母一定不要当面批评，可以在客人走后再提醒孩子，这样更有助于维护他的自尊。父母切记不能着急，要知道，好习惯不是一朝一夕养成的，而是要靠平时不断实践、纠正、强化才能得来。

（2）傅雷让孩子参与大人的谈话

著名翻译家、作家傅雷的家中时常高朋满座，来客大都是社会名流贤达，有高尚素养和深厚的修为，他们时常聚在一起讨论人生哲理、畅谈文学艺术。那时，傅雷的两个儿子傅聪、傅敏还年幼，傅雷认为小孩子不懂事，不让他们在家里打扰大人谈话。但小孩天性好奇，总想知道大人在说什么，也想在大人中间好好地表现自己，父亲越是不让，他们越是想听。

有一次，傅雷邀请画家刘海粟到家中做客，刘海粟与傅雷在书房内鉴赏藏画，两位艺术家一番高谈阔论很是热闹。谈话告一段落，傅雷起身出门取东西，一开门居然看到傅聪带着傅敏正偷听得入神。为此，傅雷严肃地训斥了两个儿子一顿。但是，孩子的好奇心却让傅雷的心情久久不能平静。他思虑再三，等孩子们年岁稍长一点儿，傅雷就允许他们旁听大人的谈话了。两个孩子从孩提时代的旁听中，学到了许多在书本上学不到的东西。

让孩子参与大人的谈话，并不一定会对大人的交谈造成影响，相反还有可能有意想不到的效果。很多时候，父母给孩子讲道理但他们并不一定愿意听，或者也听不进去、听不懂。但听大人论事就不一样了，孩子身临其境，去观察、去感受，更容易参透很多深奥的哲理。

4. 用洗衣机洗衣服——分类洗涤呵护健康

对于"80后"父母来说，美剧《老友记》是青年时代共同的回忆，看着剧集中6位老友一路从青涩蜕变到成熟，这10年的时光中有太多难忘的回忆。第一季里面有一段瑞秋洗衣服的场景颇为有趣，从来没有做过任何家务活的瑞秋不知道要将不同颜色的衣服分开洗，结果把白色的衣服都染成了粉红色。为了避免我们的孩子重蹈瑞秋的覆辙，现在就把使用洗衣机洗衣服的方法教给他吧！

（1）洗衣之前要做好分类

洗衣服不是一股脑儿地把衣服丢进洗衣机就万事大吉了，要根据衣服的颜色、薄厚、材质等分类，这样才能避免衣服在洗涤的过程中交叉染色以及相互磨损，同时也能呵护健康。

按颜色分类：由于深色的衣服都比较容易掉色，所以首先要将衣服按照颜色深浅分类。

按厚薄分类：丝织物、轻薄网状织物、针织品等也应单独分出来，而且最好手洗。另外，内衣、袜子等小件贴身衣物也最好手洗，以免交叉洗涤时沾染细菌，对身体健康造成影响。

（2）洗衣之前要做好检查

洗衣服之前要检查好衣服口袋中是不是有纸巾、纸币等纸质物品，以免洗涤过后碎纸屑粘得到处都是，弄得满身"小星星"。洗涤床单、风衣等大件物品时，在洗涤之前最好"抖一抖"，以免其中卷挟着其他小件物品。另外，带领子的衣服在洗涤之前最好保证正面朝外，如果反面洗涤后再翻过来的话，领子部位在潮湿的条件下很容易被拉伸变形，影响衣服整体的美观。

（3）加入洗涤剂的正确顺序

在选择好洗涤模式和水位之后就要加入洗涤剂了。一般来说，洗衣的过程中会用到洗衣液、消毒水、柔顺剂这三种洗涤剂，三者的用途不同，加入顺序也有讲究。

首先要明确的是，清洗和消毒是两个完全独立的过程，最普遍的做法是洗净之后再消毒，所以应先加入洗衣液，然后在第一次漂洗的时候加入消毒水。柔顺剂的作用是让衣物更加柔软、蓬松、有弹性，同时防止静电的产生。一般的洗衣机里面都有专门的柔顺剂盒子，在洗衣机启动之前将柔顺剂放入，洗衣机就可以自动控制加入的时机了。如果没有柔顺剂盒子的话，要在第二次漂洗的时候手动加入。

（4）防止衣物打结的方法

袖子比较长或者袋子比较多的衣物在洗涤时很容易打结，这时父母可最好给孩子准备几个专门的洗衣袋，把容易打结的衣服装进洗衣袋后再放入洗衣机，问题就可以解决了。

12岁以上的孩子，在父母的指导之下已经能具备把洗衣服这项家务做得非常出色的实力了。一旦孩子掌握了之前交给他的工作，父母就可以试着对他提出更高的要求，扩大他的工作范围。比如，在能够把自己的衣服洗干净之后，父母就可以让孩子尝试着打理全家人的衣物了。

5. 帮忙做大扫除——"除尘布新"喜迎新年

有一首展现年俗的歌谣唱得好：二十三糖瓜粘；二十四扫房日；二十五磨豆腐；二十六割年肉；二十七宰年鸡；二十八把面发；二十九蒸馒头；三十晚上熬一宿；大年初一拱拱手。

腊月二十四扫房日的风俗由来已久，据说，在尧舜时代就有春节"扫尘"的风俗。按民间的说法，因"尘"与"陈"谐音，新春扫尘有"除陈布新"的含义，其用意是把一切"穷运""晦气"统统扫出门。所以说，"扫房"就是年终大扫除，这可是一个大工程，家长不妨叫上孩子一起来"除尘布新"，体会浓浓的年味。

厨房篇：要将危害健康的细菌统统赶跑

厨房在为我们创造美味的同时也滋生了各种细菌，油烟机、砧板等都是细菌生长的主要阵地，只有把这些地方彻底打扫干净，有害的细菌才能无处遁形。

（1）巧用"面糊大法"清理抽油烟机油网

用久了的抽油烟机油网上会有一层黏糊糊的油渍，既影响使用又容易滋生细菌，着实令人头疼。这时家长可以教给孩子一种"面糊大法"，在面粉中倒入温水调成比较浓稠的糊状，用刷子蘸取面糊刷在烟机的油网上，再将纸巾粘在面糊上这样做有两个目的，一是防止面糊滴落在灶台上，二是减少面糊中水分的蒸发。3～5分钟之后将纸巾揭掉，然后用抹布将残留的面糊

擦拭干净，油网立即光洁如新。

（2）砧板的清洗和消毒技巧

对于绝大多数三餐规律的家庭来说，几乎每天都要用到砧板来切肉、切菜、切水果，久而久之，砧板上自然会残留许多食物残渣、油污之类的脏东西，再加上厨房是一个相对来说湿度比较大的地方，所以砧板就成了各种细菌的"安乐窝"。很多人会选择用开水烫的方法来给砧板除菌，其实这并不是最科学的方法，比较科学的做法是将砧板放在水中煮沸5～10分钟，或者放在燃气的火上来回烤一下。当然，这种方法仅限于木制或竹质砧板。对于塑料材质的砧板，家长也可以教孩子这样做：先用洗洁精和清水把砧板洗净，然后在砧板上撒一勺盐，用抹布蘸水反复地擦拭，之后再用清水冲洗干净。完成以上操作后，再将白醋和水以1:2的比例稀释后倒入喷壶中，喷在砧板表面，并将砧板放在通风、干燥处风干即可。

卧室篇：看不见的尘螨才是主要目标

年底的大扫除和平时不同，冬季是呼吸道疾病的高发季，在家家户户忙着辞旧迎新的时刻，潜藏了一年的尘螨等也趁机跑出来"凑热闹"，对老人、孩子以及免疫力较差的人"发起进攻"。为了保证家人能够享受一个温馨、愉快、健康的新年，家长就要带着孩子一起，将这些尘螨的藏身之所彻底清扫干净。

（1）键盘的缝隙要着重清理

我们的孩子可能已经熟练地掌握了打扫卧室的方法，他整理过很多次书架、也擦拭过许多次书桌、但几乎很少清洁过自己的电脑，这个习惯性被忽视的地方自然成了尘螨的藏身之所。电脑表面的灰尘清洁起来并不难，但手指接触最多的键盘却很难对付。键盘表面形状复杂、缝隙较多，清洁时应先用电吹风吹扫每个缝隙，待灰尘被"动员"起来之后再用吸尘器带毛刷的吸管来吸引，注意这个过程不要把吸尘器的档位调得太高，以免损伤电脑的零部件。

（2）床头是尘螨污染的重灾区

如果早晨起床后时常觉得口干舌燥、鼻腔也很不舒服，这并不一定是感冒的征兆，很可能和床头比较脏有关。由于我们经常会仰卧在床头看书、看电视，在这种日复一日的接触中，床头自然会沾染上许多汗液、皮屑以及其他的皮肤分泌物，再加上卧室在大多数时间里都门窗紧闭，尘螨很容易在这样的环境里滋生、繁衍，埋下健康隐患。所以家长最好建议孩子定期清理床头，及时擦除皮屑等皮肤分泌物，然后把床头和墙面的缝隙彻底清扫干净。

客厅篇：玻璃亮了，阳光才能照进来

玻璃窗是房间的眼睛，我们透过它看一年四季风景的变化，看每天的天气如何。年终岁尾，玻璃窗难免会落满灰尘，让视线变得模糊，让房间变得昏暗。为了新的一年视野敞亮，家长一定要带着孩子把玻璃窗及时擦干净。

擦玻璃看似简单，但想要既省力、又干净也要掌握恰当的方法。家长可以告诉孩子，将白醋和水按照 1:2 的比例混合后倒入一个带有喷头的瓶子里，先将混合液喷在玻璃上，然后再用报纸或抹布进行擦拭。

古往今来，人们在腊月二十四这天打扫房间的方式在变：从鸡毛掸子到吸尘器；从掸尘除灰到消毒除菌；从妇女一个人劳作到全家总动员。虽然方式在变，但目标却没有变，都是通过劳动寄托对新年新气象的美好期许。

6. 参与家庭决策——培养孩子的决策能力

你听说过儿童权利吗？

中国儿童中心曾对武汉、南昌、乌鲁木齐、哈尔滨等 7 个城市的 2049 名五年级学生家长做过一项名为"城市小学生家庭教育状况"的调查，结果显示，75% 的家长从来没有听说过儿童权利，50.4% 的家长和孩子谈话最多的主题是"学习"，57.78% 的家长陪伴孩子花费时间最长的是"写作业"。根

据我国《未成年人保护法》的规定：未成年人享有生存权、发展权、受保护权、参与权等权利，而调查中的父母对儿童权利的理解基本都局限于与自身对孩子的保护欲望有关的受教育权、隐私权和生命权，而对参与权和发展权等知之甚少。

很多父母心里并没有儿童权利这个概念，也没有真正地把孩子看作一个平等、独立的角色。当孩子表现出参与家庭决策的热望时，家长也常以诸如"你还小，什么都不懂。""大人的事，小孩子别捣乱！"等理由把孩子赶到一边。其实，孩子的成长速度是惊人的，特别是现在的孩子，心智成熟的程度很可能超出父母的想象，父母认为孩子做不好的事，实际上他已经完全有能力做得很好了。

一位从事一线教育工作多年的教师表示：经常参与家庭决策的孩子在集体生活中往往表现得更加开朗、更有责任感，他们遇事沉着、喜欢动脑筋，有较强的领导能力，同时人际关系也比较好。而那些较少或者从不参与家庭决策的孩子，常常以自我为中心来考虑问题，集体意识淡薄、办事草率、习惯于依赖他人，人际关系也不甚理想。所以，为了孩子更好地适应集体生活、全面发展，父母尽快地把参与家庭决策的权利归还给孩子吧。

那么怎样让孩子参与家庭决策、培养他的决策能力呢？

（1）孩子的事让他自己做主

培养孩子决策能力的第一步就是让孩子为自己的事情做主，很多父母觉得孩子进入青春期后难以沟通、不愿意和父母谈心，这很可能是由于家长没有给孩子自己做主的机会，所以孩子才会表现出不满、叛逆、拒绝沟通的态度。

今年上高一的陈莎莎正面临文理分科的问题，爸爸妈妈都希望莎莎选择学文科，理由是莎莎的英语和语文成绩都很好，而且莎莎的油画画得也很不错，学文以后再选一个美术院校来读，长大后做个美术老师岂不是一个很好的选择。但莎莎却希望做一名宠物医生，救助流浪猫、流浪狗，给它们一个温暖的家。

但学医必须选择理科，而莎莎的化学成绩并不理想，为此妈妈很担心地说："莎莎，我和你爸爸真的很想让你学文，这样扬长避短，你学起来不会那么吃力。"莎莎听了妈妈的话后表示很理解，但也再次重申了自己的想法："妈妈，我知道自己的短板在哪里，但我真的很想当一名宠物医生，我会努力的，您和爸爸要支持我、相信我不是吗？"看着女儿笃定的眼神，妈妈也没再多说什么，只是告诉莎莎要为自己的选择负责，不能后悔。在爸爸妈妈的鼓励下，莎莎更有干劲儿了，在学校里主动向老师和同学请教化学的学习方法，并付出更多的学习时间。经过不懈地努力，莎莎的化学成绩越来越好了。

孩子进入青春期后常表现得莽撞、叛逆，这是因为他们渴望独立、渴望自由，不喜欢被父母束缚。这个时候父母最好顺应孩子的心理，不要凡事都参与意见，而是要给孩子独立思考、独立决策、为自己负责的机会。

（2）家庭的事让孩子充分参与

像去哪里旅游、新年怎么过、购买什么样的车、添置什么样的家具、房子的装修风格等家庭决策，父母都应该让孩子参与。

晚饭后的家庭例会时间，读初三的刘洋兴冲冲地抱着自己的电脑跑到了客厅，等着给爸爸妈妈描述自己制订的十一长假出行计划。根据例会惯例，按照身高顺序发言，爸爸第一个开口说："今年十一有8天假，我认为咱们可以出国玩，妈妈不是很久之前就想去日本'扫货'了吗？那咱们今年就满足她的愿望。"

爸爸还没说完，刘洋就激动得跃跃欲试，以往身高还没超过妈妈的时候，刘洋总是最后一个发言，现在终于"翻身农奴把歌唱"了："我觉得爸

爸的建议很好，但我这有个更好的。"刘洋一边说一边用余光偷瞄爸爸，"我觉得十一假期我们可以报名参加少年宫组织的野外生存，你们看啊，这里面说每个家庭将会在戈壁滩、草原、森林分别露营两天，这多刺激啊。看在我初三马上就要'闭门苦读'的份上，你们应该好好考虑一下。"

最后轮到妈妈发言："我还真没你们两个考虑得周到，我就想现在是秋收的季节，想回农村老家帮洋洋的舅姥爷去收庄稼。小时候我总跟在舅舅后面，很久没回去，都想他了。"听了妈妈的话后，刘洋沉默了一会儿说："爸爸，我认为妈妈的想法最好了，虽然我很想去野外生存，但只要咱们在一起，哪儿都挺好的。我也很久没见到舅姥爷了，咱们回去帮舅姥爷收庄稼吧！"

通过参与家庭决策，孩子的决策能力、责任感、主人翁意识、幸福感等都会得到强化和提升。习惯的培养就像在孩子的心里埋下一颗神奇的种子，除了收获能力的硕果之外，还能学会如何去爱。

7. 组织节日庆祝——把传统节日变有趣

近些年来，大家愈发地觉得传统节日氛围似乎比从前寡淡了不少，无论是端午、中秋、甚至是春节，除了一家人聚在一起吃吃喝喝之外似乎没有什么其他的庆祝方式。与此形成鲜明对比的是，洋节日似乎越来越风靡，尤其是情人节、圣诞节、万圣节这样互动性比较强的节日，简直过得比春节还热闹。

我们为什么越来越爱好过洋节了呢？原因可以从以下受访者的回答中窥探一二：

退休多年的向大妈："我们家庭比较传统，从小到大相互几乎没说过

'我爱你''我想你'之类肉麻的话，感情交流比较少。西方节日强调开放式的情感表达，正好给我们这样传统的中国家庭带来了一个情感出口。在圣诞节，我们会给孩子礼物，来个亲子互动；情人节我们老夫老妻也会出去购物吃饭，其乐融融；父亲节、母亲节我们会向父母表达感情，孩子也会给我们礼物，向我们表示感恩、表达爱意，家庭气氛一下子就好了起来。"

刚参加工作的小张："参加工作后，压力骤增。上班很累，下班后同事各回各家，没有太多放松与交流的机会，万圣节这样的外国节日刚好给大家提供了很好的'借口'，多一些理由去聚会、放松、交流感情，或许还有机会交到女朋友，何乐而不为呢？"

初二的学生王欣欣："我最喜欢的节日就是万圣节了，简直太有趣了。在这天我可以装扮成自己喜欢的角色，和小伙伴提着南瓜灯到处'捣乱'、捉弄别人，今年万圣节我们班级的同学打算集体扮成'无脸男'，现在我就和班长一起去采购服装和道具。"

从大家的回答中我们可以看出，洋节之所以越来越流行主要有三点原因：第一，庆祝形式多样，无论是万圣节、圣诞节、情人节，都有专属的庆祝方式。第二，参与感很强，不单是年轻人，老年人也能够很轻松地融入节日的氛围里。第三，能够增进亲子间的互动，传统的节日很难表达的情感在洋节里可以比较自然地表达出来。反观我们的节日，互动太少、没有新鲜感，庆祝形式也几乎是清一色的"吃吃吃"，自然"节味"越来越淡。

传统节日历史悠远，是几千年来先辈们勤劳和智慧的结晶，历经传承才有了今天的辉煌，不能在我们的手中落寞。那么父母该怎样引导孩子重新燃起对传统节日的热情呢？不妨借鉴一下下面这位妈妈的做法。

一大早，徐枫妈妈就起床准备做冰皮月饼的材料，一想到能在晚上月圆

的时候和家人一起吃月饼、看月亮，徐枫妈妈就干劲十足。这时徐枫也起来了，昨晚看球到深夜的他还没等到早饭时间就饿得饥肠辘辘，跑到冰箱里边翻东西边对妈妈说："妈，今天中秋，咱家做啥好吃的啊？"

"吃吃吃，你除了知道吃就不知道点别的啊。"妈妈嗔怪道。

徐枫笑嘻嘻地反问道："这您不能怪我，大家不都这样吗？这节有什么好过的啊！"

妈妈紧了紧围裙说："怎么就只有吃了呢！还可以赏月啊，传说里不是说因为嫦娥奔月所以这一天的月亮才格外地圆嘛。"

听了妈妈的话后徐枫表示很不服气："得了吧老妈，我都上初三了，你可蒙不了我。中秋月亮比较圆是因为上弦月过后，月亮变得丰满起来，到了农历十五十六，月亮运行到太阳的正对面，黄经差为180°，地球位于太阳和月亮之间，月亮的整个光亮面对着地球，这叫'满月'，哪里是嫦娥的功劳。"

妈妈听了徐枫的话后灵机一动，想出了一个有趣的办法："没想到我儿子懂得蛮多啊！这样吧，咱俩一起来做月饼，也不做什么牡丹花、菊花花纹的了，你干脆把满月、上弦月之类的模样用月饼做出来吧，正好我准备了黑豆沙、糯米粉，有黑有白，应该可以满足你做月亮的需求。然后今晚的家庭活动全权交给你组织，你看怎么样？"

徐枫一直对天文现象很感兴趣，妈妈的这个提议正中下怀，而且语文老师正好留了一篇中秋节的作文，本来还在发愁要写什么。这样一来就不愁没有素材了。于是母子二人一拍即合，将月饼的形状从月初的新月、峨眉月、下弦月、凸月直至做到月中的满月，然后再从满月一路做回新月。徐枫将做好的月饼固定在一个大盘子里，作为晚上"天文知识大课堂"的教具摆在餐桌旁。

晚饭的时候，徐枫把和妈妈一起制作的中秋大餐摆上桌，大家一边赏月一边听徐枫讲解天文知识，一家人在欢声笑语中度过新鲜、难忘的中秋。晚饭后，坐在电脑桌旁，徐枫文如泉涌，他在作文中写道："面对传统节日的日益落寞，我们应该做的不是争相去过洋节，而是要思考怎样把传统节日变得更有趣……"

孩子长大后，除了要享受吃喝玩乐所带来的愉悦之外，也要承担起一定的责任。面对传统节日的落寞，父母何不把组织节日庆祝的机会交与他，允许他随心所欲、天马行空、甚至调皮捣蛋，只要他能把传统节日的热情重新点燃。

第八章

教孩子做家务
需要注意哪些事项

　　家长在教孩子做家务过程中难免不得章法，出现这样或那样的失误：强迫孩子、惩罚孩子、过多地帮忙和干预……这样不但不会提供帮助，甚至还可能引起孩子的逆反心理。苏联教育家苏霍姆林斯基曾说："要教育好孩子，就要不断提高教育技巧；要提高教育技巧，就需要家长付出个人的努力，不断地进修自己。"所以，在教孩子做家务之前，家长要明确一些注意事项，修炼自己，从而更好地教育孩子。

让孩子做家务，家人的立场要统一

让孩子做家务，家人的立场要统一，否则就有可能养出个"两面人"。

案例一：

4 岁的沐沐被评为班级里的"劳动小明星"，如果说这样的奖励已经足够让妈妈大吃一惊，那接下来老师的评语可谓让妈妈大跌眼镜："沐沐同学的自理能力很强，每天午睡后都会自己动手穿衣服、叠被子，把自己的小床铺打理得干净整洁。除此之外，沐沐还会主动帮助别的小朋友，大家都很喜欢他。"可这个学校里的"劳动小明星"在家里的表现却是：饭要奶奶追着喂、衣服要奶奶帮忙穿；脱下来的衣服扔得到处都是；洗脚都要奶奶帮忙洗。

案例二：

8 岁的丹丹正在爸爸的陪伴下做英语作业，一页生词写了一个多小时还没写完，其间她不停地搞小动作，喝水、吃糖、玩橡皮，爸爸不但不纠正，反而为丹丹"把风"。妈妈在客厅里等着急了，就突然跑到房间里来批评丹丹："瞧瞧你多磨蹭，这都几点了还没做完。"丹丹辩白说："我才不磨蹭呢！写课堂作业的时候，别的同学要花 20 分钟才能完成的内容我 15 分钟就写完了，你要是不信可以打电话问老师啊？"妈妈倒是没有立即打电话，但第二天送丹丹上学的时候还是没有按捺住心中的好奇，向老师询问了丹丹的说法是否属实，老师诧异地回答说："丹丹说得没错呀，在我们班的同学当中，她的确属于那种专心、高效的好学生。从来都不需要老师提醒，作业完成得又快又好。"

像沐沐和丹丹这样的"两面人"并不少见，他们在学校与在家的表现可谓有天壤之别，本来在学校做得很好的事，一回到家就会找各种理由推脱、逃避。怎样把在集体中养成的好习惯延续下去？怎样让孩子在家里也能做一个"劳动小明星"？大概是很多家长都困惑的问题。其实，根治"两面人"并不难，因为"两面人"的家里往往都有一个"护短"的大人，就像沐沐的奶奶、丹丹的爸爸，只要这些"护短"的人能统一战线，那孩子的问题自然会迎刃而解。

1. 立场统一，才能树立"家长权威"

在孩子的眼中，立场一致的家长存在着极高的权威，但如果家长之间、特别是父母之间出现分歧，那孩子自然就会选择"趋利避害"，向对自己更有利的一方求援。所以，在让孩子做家务之前，家庭成员之间要做好沟通，把一致的观点传达给孩子。

2. 产生分歧的时候，家长最好私下化解

在教育孩子的过程中，家长之间难免产生分歧。但要注意的是，千万不要当着孩子的面互相指责，这样不但不能起到教育的作用，反而会给孩子造成不良的示范，甚至会影响到他日后的家庭生活。家长完全可以搁置争议，然后选择孩子不在身边的时候进行协调、沟通，直到达成一致的意见为止。

3. 立场一致但也不要给孩子过大的压力

让孩子做家务时家长立场一致是好事，但也要看对场合，当孩子做得不好、做得不对的时候，父母就不要立场一致地"混合双打"了。更好的办法是，在指出孩子的问题之后，父母一个唱红脸、一个唱白脸，一个假装出面为孩子求情，给他一个台阶下。这样既可以让孩子知道父母的严厉，也能让他感受得到父母的宽容。

不强迫，给孩子自主选择的权利

一个 12 岁的女孩在网上发帖求助：

昨天晚上，看到妈妈在做卤蛋，我很好奇，表示也想尝试一下，妈妈却说："你哪里会做饭，赶紧帮我把地扫干净。"我不死心，央求妈妈给我一次机会，可妈妈劈头盖脸就是一句："说了你不会就是不会，赶紧去扫地！"我知道妈妈的脾气，也没敢多说，只能乖乖地照做。

今天早晨，我穿好衣服正打算出门的时候老妈突然叫住我说："你怎么没叠被子就走了？"我赶忙解释说："老妈，昨天和你说过了啊，我喜欢的那个小说作者今天来书店签售，只有 50 个名额，去晚了就排不到了。""那也要叠了被子才能走。"妈妈毫不通融。我心里着急，就顶撞她说："我回来再叠不是一样吗，你为什么总是强迫我。"没等我说完，妈妈就"砰"的一声关上了门，隔着门对我喊："一点儿都不听话，别回来了，真是气死我了。"

其实我不是不听话，只是不愿意被强迫，原本妈妈只是在做家务的时候干涉我，现在她已经将自己的"势力范围"拓展到我的娱乐生活了，简直不能忍！各路大神，你们有被自己的父母强迫的经历吗？谁能拯救一下祖国的花朵，告诉我该怎么办啊！

看了女孩的求助之后，网友们纷纷留言表示自己也有过相似的经历：被强迫做不喜欢做的事；被强迫按照父母的逻辑做事；被强迫完成无法完成的任务等，根本就没有选择的机会。其中一位细心的网友根据大家的回答总结出了"强迫型"父母做事时的两种典型表现。

第一种："我吃过的盐比你吃过的饭还多。"——用经验强迫孩子

这句话大概是长辈教训晚辈时最常用的一句，试图通过对比来证明孩子在经验方面的匮乏，从而达到约束的目的。正如近两年流行的一个段子：一群小学生，有穿长袖的、有穿薄秋装的，还有穿短袖的，其中有个小姑娘"鹤立鸡群"居然在初秋的时节穿上了羽绒服！别人问她："你为什么穿羽绒服啊？"只见她 45°角仰望天空幽幽地说："有一种冷，叫你妈觉得你冷。"这就是一个典型的用个人的经验和感受来约束孩子的例子，我们不否认经验的作用，但经验只是一种建议、一种参考，而不能成为强迫孩子做事的理由。

第二种："我没有你这样的孩子！"——用亲情绑架孩子

在一部分父母的眼中，"听话的孩子"才是好孩子，如果不听话就是"不乖"；晓之以理之后再不听话就是"不孝顺"，动之以情之后再不听话就是"我没有你这样的孩子"。一句"听话"绑架了多少无辜的孩子！"不听话"不一定是"不乖"，更不一定是"不孝顺"，家长最好就事论事，不要动不动就站在道德制高点来用亲情绑架孩子。再者，小时候"听话"的孩子长大后也同样会让父母省心吗？其实不然，这种"听话"只是表面现象，由于长期受到父母的"压迫"，没有自主选择的权利，这样的孩子内心会积聚更多的冲突和不满，"听话"和"不听话"在不停地角力，一旦进入情绪大爆发的青春期，他们和父母之间的矛盾会比曾经"不听话"的孩子还要多。

这里送给"强迫型"父母两句话，下次"老毛病"再犯的时候一定记得提醒自己：

第一句：不强迫是最好的理解

我们总强调亲子之间做到换位思考才能真正相互理解，但换位思考是很难的，毕竟成长的年代不同、接受的教育不同，很难做到真正的换位思考。既然换位思考很难，那我们就退而求其次，学着不去强迫孩子，尽力去尊重他，站在孩子身后，默默地注视着他成长。

第二句：给孩子自主选择的权利

父母在不强迫的基础之上，还要给孩子自主选择的权利。比如，列一份

他能完成的家务清单，让他自己挑选其中的几项作为日常任务，然后自己来安排时间和顺序。再比如，在孩子正在做某种家务的时候不要忙着催促，要给他留有一定的余地，他想"先玩10分钟"，那就给他10分钟的缓冲时间，时间到了再去做也不迟啊。

孩子或多或少都有点儿逆反心理，你越强迫他，他就会越不愿意做，到头来只能是两败俱伤！我们让孩子做家务是为了锻炼他的自理能力，也希望通过"教"与"学"的过程来增加一些亲子间的互动，让家庭的氛围更加温馨，所以何必剑拔弩张、冷眼相向呢？

允许出错，才能保持孩子做家务的热情

晚饭后，妈妈正在厨房洗碗，这时4岁的诚诚走了过来，嘀咕着要和妈妈一起洗。妈妈早有教诚诚做家务的打算，眼下这个好机会可不能错过。于是妈妈针对洗碗的步骤给诚诚做起了示范，而诚诚也拿起小抹布学得有模有样。

当妈妈转身把洗好的碗放进碗柜时，突然听到"砰"的一声，紧接着诚诚惊慌地大叫了起来："哇！妈妈，我打碎碗了！"妈妈赶忙放下手中的碗，关切地问道："快来让妈妈看看，有没有伤到你的手？"诚诚紧张地看着妈妈说："没有，可是，碗已经碎了！"妈妈安慰道："没关系，碗碎了不要紧。重要的是我的诚诚学会了洗碗，妈妈为你骄傲。"看着诚诚惊魂未定的小脸，妈妈继续说："无论是谁，在刚开始学习做一件事的时候都会遇到麻烦，妈妈小时候也不例外。但不要怕，妈妈把碎片收拾一下就是了，重要的是，你还愿意接着洗吗？"听了妈妈的话后，诚诚的脸笑成了一朵花，郑重

地点头说："愿意！"

对于孩子来说，在学习做家务的过程中犯错是必然的，就像学走路的时候会摔跟头一样，父母不能为他提前规避错误。但孩子在犯错之后是选择"跌倒了爬起来"还是选择"跌倒了趴下来"则几乎完全取决于父母的态度。就拿洗碗时不小心将碗打碎这件事来说，父母可以选择的态度就有很多种：

埋怨型："叫你不要洗，你偏不听，碎了还要花钱买！"

责骂型："你怎么这么笨？连洗碗这种简单的事情都做不好！"

不耐烦型："走开，走开！越帮越忙，还不如我自己来。"

鼓励型："没关系，慢慢来，你肯定会越做越好的！"

没有谁愿意主动去犯错，孩子做错事时本身已经很内疚了，如果父母一时糊涂，选择用前三种态度来对待他，那孩子的委屈无处倾诉，便只能选择逃避的方式解决问题。明智的父母应该像诚诚妈妈一样，给孩子出错的机会，用鼓励的态度去保护孩子做家务的热情。其实，允许孩子出错不只是保护热情这么简单，还有很多其他积极的意义呢。

1."绝知此错要躬行"，强行灌输不如主动体验

由于评价标准的不同，很多时候成年人眼中的"错误"在孩子的世界里或许并不是"错误"，反而是有理有据的"正确"的做法。

畅畅是一个活泼好动的小女孩，总是喜欢提着小水桶给摆放在客厅的发财树浇水。妈妈告诉过她很多次发财树不能每天浇水，否则的话会被"涝"死的，但畅畅却不以为然，依旧我行我素，因为她坚信花花草草要像自己一样每天喝水才能茁壮成长。两周后，发财树的叶子开始变黄，看起来无精打

采，这可把畅畅急坏了，赶忙向妈妈求助。在妈妈的帮助下，畅畅给发财树换了干燥的土壤，又用了一些促进植物生长的肥料，这才挽救了发财树的生命。事后，畅畅意识到了自己的错误，并采纳了妈妈的建议，发财树又开始茁壮成长了。

家务中很少会有后果特别严重的错误，所以当孩子"一意孤行"时，父母不要执意扭转他的想法，先让他在错误里"泡"一会儿，自己尝试着去发现问题，这样他才能更深刻地体悟到问题的所在，并在日后有意识地规避同样的问题。除此之外，父母也可以适当地引导孩子说出自己的心声，然后再对他的错误认知进行修正，从而帮他塑造正确的是非观。

2. "温错而知新"，改错的过程也是获得新知的过程

对于孩子来说，每一次犯错都是获得新知的契机。成长本身就是一个不断犯错与改错的过程，品尝错误的后果、总结失利的经验，这无疑是一种难得的人生体验。只要父母引导得当，孩子就能够变得更谨慎、更懂得珍惜，在改错的过程中不断地成长、进步，相比于犯错带来的损失，得到的反而会更多。

3. "错并快乐着"，错误会让孩子获得成长的快感

孩子在犯错之后，没有受到责骂也没有得到帮助时，他内在的成长力量就会被激发出来。这种内在的力量会驱使他向成熟迈进，从而尝试着纠正自己的错误或寻找到解决的办法。当孩子能够完全依靠自己的力量解决问题时，内心就会获得一种前所未有的成长快感。

孩子的成长过程就像是在录制一盘录像带，需要不断地预演和体验各种情绪和行为，以便留下足够的印痕来作为日后成长路上的备用资源。所以，给孩子犯错的机会吧，让他在错误里体验，这样在日后面对麻烦时他才能够通过"心理反刍"找到合适的应对方法。

不把做家务作为惩罚孩子的手段

最近，陈晨妈妈遇到了一件颇为烦恼的事：

昨天，陈晨放学后见了我就号啕大哭，我赶忙安慰她，并且询问了原因。原来，幼儿园里有一位年纪比较大的保育员张奶奶，她看孩子们吃饭的时候总是边吃边玩，于是就吓唬孩子们说："最后吃完的要接受惩罚，给所有的小朋友刷碗！"女儿被吓得不轻，匆忙地吃了几口就放下筷子跑了，结果还没到放学的时间就饥肠辘辘。本来在家里女儿是很爱洗碗的，总是吵着要给我帮忙，可是昨天这件事把她的积极性打击得不轻，这可如何是好？

而最近正在给孩子择校的秀秀妈妈，遇到的却是另一种情况：

上周的校园开放日，学校组织家长去参观，我惊奇地发现老师把劳动作为一种奖励。比如，谁先吃完饭，就奖励谁洗碗；谁先做完作业，就奖励谁第二天站在门口做小迎宾。孩子们在老师的引导下争相劳动，个个欢天喜地！我决定送秀秀来这里上学，从小培养她热爱劳动的好习惯，让她知道劳动是能给予他人快乐和幸福的，这是劳动最好的回报。

两种对待劳动的态度哪个更好，答案不言自明。不论是在学校还是在家中，我们让孩子参与劳动的目的都是培养他的自理能力，而不是惩罚他、折腾他，让他惧怕劳动甚至厌恶劳动。下面给父母提供几点建议，从我做起，给孩子树立一个好榜样。

1. 不把做家务作为惩罚孩子的手段

劳动本来是一件光荣的事情，是用自己的双手去创造幸福，怎么就变成

了一种惩罚了呢？如果父母都像案例中的张奶奶一样，把劳动当成一项苦差事，规定孩子犯错了就要洗碗、扫地，那么就会扭曲劳动的意义，给孩子造成一种错误的暗示：只有犯错的时候才需要做家务，如果没做错事，为什么还要做家务呢？

2. 不当着孩子表达对家务的不满

忙碌的父母很容易当着孩子表达对家务的不满，抱怨做家务影响了自己的工作、学习、社交、娱乐。在这种潜移默化的影响下，孩子对家务肯定也没什么好感，即使日后父母再怎么用言语来美化劳动的美好，孩子也很难重新燃起做家务的热情。

3. 要及时更正自己对家务劳动的错误认识

有些父母会有意或无意地向孩子传达一种对劳动的错误认识："不好好学习，长大了只能去扫大街。""有出息的人才不会靠体力劳动赚钱。"这种"万般皆下品，唯有读书高"的观念对孩子产生的影响可能会比把做家务作为一种惩罚手段还要深远，它不仅会破坏孩子当下对劳动的向往之情，甚至还会影响到他长大成人之后对工作的态度，让他在工作遭遇不如意时宁可依靠父母"坐吃山空"，也不愿为"脏活儿、累活儿"而"折腰"。

不妨"时时缺席"，不要"事必躬亲"

网上有一位妈妈分享了自己由"仆人"变"后妈"的经历，我们来看一看是怎么一回事：

刚开始当妈的时候，我对自家的宝贝可谓360°全方位无死角地照顾，每天就像仆人一样鞍前马后，连自己吃饭都是见缝插针。渐渐地我发现，他好像习惯性地依赖我，大事小事都求助我。有一次吃面条，他都把筷子放到嘴边了又立马收了回去，然后把整碗面端到我面前说："妈妈，面太热了，帮我吹吹。"换作以前，我肯定第一时间放下筷子帮他吹，生怕他被烫到，可那一次忽然意识到不能惯他的"臭毛病"，连吃饭这件小事都不能自理，难道还指望我给他当一辈子老妈子啊！于是我头不抬眼不睁地回了他一句："怕烫就自己吹啊！"然后继续埋头吃饭。从那以后，我开始全面贯彻"后妈"方针，凡是他力所能及的事情我绝对不插手：衣服不能自己穿，那我就示范给他，然后溜走；被子不会叠，那我就教给他，然后溜走；书包不会收拾，那我就带着他一起收拾一次，下次再因为自己的问题而忘带东西的时候——那对不起了，就等着接受老师的批评吧。

自从当了"后妈"，我浑身都轻松多了。慢慢地我发现，孩子开始有了变化，他不再凡事都张口求助，而会尝试着自己动手、自力更生。我的心态也开始有了变化，以前他乖乖地自己吃饭我会觉得像中彩票一样兴奋，现在他乖乖地自己吃饭我会认为这是理所当然的事情。我想，也许并不是我变成了"后妈"，而是我的孩子开始长大了，亲妈总是憋着一股子死撑到底的劲儿，"后妈"则是放孩子也放自己一条生路。所以，同样为人父母的各位家长们请记住：父母学着爱自己，孩子才会更独立。

在教孩子做家务的过程中，父母总会遇到这样的问题：自己示范得越多，孩子感兴趣的程度就越低，完成的效果也越差，好习惯的养成就越难。为什么会这样呢？

父母可以回忆一下自己小时候的场景，是不是会惊讶地发现每一项家务技能的获得几乎都没有父母的身影：学会做饭，是因为父母工作太忙没时间照顾自己；学会洗衣服，是因为迫切地想穿父母还没来得及帮自己清洗的脏衣服；学会整理床铺，是因为要在学校里做一个"文明标兵"。所有的家务

技能都源于主动需求，而几乎和父母的教育无关。

反观现在的父母，都太"勤劳"了，只要孩子开口，几乎有求必应。这样自然会给孩子灌输一种意识：只要我需要，父母永远站在背后。那他怎么还有兴趣学？怎么还有动力学？所以说，父母的"事必躬亲"助长了孩子的依赖性。长此以往，父母只能养出更多衣来伸手饭来张口的"小皇帝""小公主"，到那个时候，就真的只有当"奴才"的份儿了。

勤和懒是一对矛盾体，相辅相成。大人勤了，孩子就懒了；大人懒了，孩子就勤了。所以父母不妨也当一回"后妈"，结合实际情况给予孩子必要的指导和帮助之后就"时时缺席"。一定要记住：父母学会爱自己，孩子才会更独立。

以学习为由逃避劳动，孩子终将变得好逸恶劳

孩子们总是喜欢以学习为由来达到自己的目的，任何年代都不例外。

当"70后"还是孩子的时候，他们以学习为由逃避种地。那个时候的农村孩子，也许不知道"书中自有千颗粟""书中自有黄金屋""书中自有颜如玉"，但在他们心里，读书最直接的好处就是可以不种地。一位"70后"回忆说：

如今的"五一""十一"，大家都会选择出去旅旅游、散散心，但我读书的时候，没有节日，只有劳动。为什么这样说呢？因为学校放假后我们兄妹几个都要回家帮父母种庄稼、干农活儿。"五一"种土豆，"十一"收土豆，大概就是我童年时代最深的记忆。种庄稼太辛苦，所以只要有机会、有可

能，不论天资如何我们都会选择去读书。

　　当"80 后""90 后"还是孩子的时候，有一些就以学习为由说服父母给自己购买各种游戏设备。在父母的眼里游戏机是会影响学习的物品，是禁止触碰的。但是，哪里有压迫哪里就有反抗，为了得到这些梦寐以求的游戏设备，孩子和父母斗智斗勇。

　　现在的孩子，几乎人手必备手机、电脑，不必为了购买游戏设备而和父母斗智斗勇。但现在的孩子似乎比以往更加出格，他们以学习为由逃避劳动，连本应"自理"的家务事都要别人代劳。

　　高硕是个天资聪颖的男孩，从小学开始就是老师眼中的"尖子"，所以高硕的父母自然也就很重视孩子的学习，只要是影响学习的事情统统都要绕道而行。父母发现，高硕最近愈发地"热爱"学习了："妈，我要背单词了，明天考试，你帮我把袜子洗了吧。""爸，我作文还没洗完，今天你帮我洗碗吧。""妈，这周末我约了同学去图书馆查资料，你帮我把周一上体育课要穿的球鞋刷干净吧。"父母心想：既然儿子心系学业，那我们就要尽最大的努力扫除障碍。可是，没多久妈妈就接到了高硕老师的"投诉"电话，老师在电话里说："高硕最近的课堂表现很差，总是趁我不注意的时候捧着手机玩游戏，甚至周五班级大扫除的时候也会偷偷溜出去和'战友们'组团打比赛。我真是为他担心，这样的态度怎么能考上重点高中……"放下电话的高硕妈妈很痛心：儿子不是一直在"学习"吗？难道是在骗自己？

　　近些年来，普通家庭里的"富二代"越来越多，其中有相当一部分都和高硕一样，是被父母宠坏的。这些"高硕们"的父母具备负担孩子学业开销的经济能力，但却不能保证孩子一辈子衣食无忧，往往寄希望于通过学习来

改变孩子的命运。由于担心做家务会影响孩子的学习成绩，所以"高硕们"的父母在面对孩子给出的"妈，我要背单词了，明天考试，你帮我把袜子洗了吧"等牵扯学习的请求时都格外地"宠"孩子。

相比于"70后"的蛮干，"80后""90后"的小聪明，如今"高硕们"的策略明显更加高级。他们"攻心为上"，吃准了父母的"痛点"，以"学习"为由逃避劳动，而且屡试不爽。虽说这种方法可以获得短暂的安逸，但长此以往，"高硕们"不但不能在学习方面搞出什么名堂，而且还会养成好逸恶劳的恶习。所以，父母与其到那个时候痛心疾首，还不如趁现在提高警惕，将孩子好逸恶劳的苗头扼杀在摇篮里。

用金钱驱动孩子劳动的行为犹如打一剂猛针

心怡今年8岁，大概半年前，妈妈开始尝试通过"发工钱"的方式来培养心怡做家务的习惯。刚开始时这种方式颇有成效，因为可以赚到额外的零花钱，心怡非常积极，每天放学后的第一件事就是帮妈妈择菜、扫地、拖地等，几乎每天都能赚2块钱左右。由于靠自己的力量赚钱，心怡节俭了不少，不再像之前一样一路过超市就嚷嚷着买零食。

可是最近妈妈发现，心怡的胃口越来越大：一次妈妈让心怡到楼下去买挂面，心怡张口就问："先说一下给多少钱？"当听到只有1块钱之后，心怡皱着眉说："1块太少了，5块马上去！"还有一次，妈妈让心怡丢垃圾，她干脆回了一句："我今天不想赚零花钱，你自己丢吧！"妈妈很无奈，并开始怀疑这种"发工钱"的方式到底可不可行。

心怡妈妈的这种有酬激励法很多家长都尝试过，这种方法在刚开始的时候很奏效，但慢慢地效果就会减弱，到最后基本上完全失效。为什么会这样呢？心理学上有一个外在激励理论：任何物质刺激的效用都有逐渐减弱的特性。说得通俗一些，就像员工通过工作赚取工资一样，往往一开始觉得很不错，但慢慢地就会觉得工资跟自己的付出不匹配，从而希望老板提薪来激励自己工作。在做家务这件事上，孩子就是"员工"，家长就是"老板"，当孩子觉得家长提供的"工资"和自己的付出不匹配时就会讨价还价，索要更高的报酬。如果家长仍旧维持原状，或者一怒之下分文不给，那后果可想而知，孩子自然会和心怡一样找借口逃避劳动。

其实，通过支付报酬鼓励孩子做家务的方法被称为"有偿生活机制"，最初来自于犹太家庭，家长在鼓励孩子做家务赚钱的同时也会对孩子的饮食起居收取一定的费用，目的是从小培养孩子的财商，以便他们进入社会后更加得心应手。在西方国家，家长在支付给孩子劳动报酬之后一般不会再提供额外的零花钱，同时也会要求孩子承担一部分家庭开销。但这种"有偿生活机制"传入中国后被我们的家长断章取义，只照搬了前半部分，即鼓励孩子做家务赚钱，而向孩子收取生活费用的部分则被直接忽略，从而导致了这种"有偿生活机制"在中国的"水土不服"。那么报酬到底可不可以给？当然可以。前提是家长要明确以下几点：

1. 要明白，帮忙做家务是孩子的义务

孩子作为家庭的一员，理应承担做家务的义务。如果家长每次都用金钱来驱动孩子做家务，那就犹如打抗生素一样，孩子只会愈发地"变本加厉"，一旦报酬中断就会拒绝劳动。家长必须要让孩子明白：做家务不等于金钱，作为一名家庭成员，彼此照料、相互分担才是更重要的。

2. 要明白，领取零花钱是孩子的权利

孩子没有成年之前还不能通过独立工作来养活自己，父母作为监护人有义务照顾他们的饮食起居，只要是数目合理、理由正当，孩子就有领取零花

钱的权利，父母不能以没有完成家务劳动为由拒绝孩子。

3. 在义务之外，可给予孩子额外的奖励

每个家庭成员都要对自己负责，自己的事情自己做，这就是义务。除此之外，家里还会有一些无法划归给具体某个人的工作、季节性的工作、突发性的工作等，家长可以把这样的工作列成一个表格，让孩子选择自己想做的，并支付给他一定的报酬。如果有机会，家长不妨带孩子参与一些社会实践，让他真切地体悟到赚钱的辛苦，这会比通过做家务获得报酬对孩子的教育意义更大。

孩子的成长是一个不断试错、不断改错的过程，家长不要在做家务与零花钱之间建立必然的联系，也不要因为孩子偶尔的错误就武断地认为支付报酬是好还是不好。既然家长提供奖励的主要目的是调动孩子的积极性，那不妨以精神奖励为主，偶尔的物质奖励就当作一种惊喜的辅助。

让孩子做家务，安全问题要始终放在第一位

15岁的杨帆是一个"家务达人"，他不但能照顾自己的饮食起居，还能够为家人服务。周六早晨，杨帆主动请缨来打扫卫生间，由于这是第一次独立打扫卫生间，杨帆做得格外仔细。刷马桶时，杨帆特意同时加入了84消毒液和洁厕灵，希望"强强联手"，把马桶里的有害细菌全部消灭干净。可就在杨帆为自己的做法暗自叫好时，一股奇怪的气味从马桶里飘了出来，他赶忙捏着鼻子跑到客厅对妈妈抱怨："不知道谁家往下水道里倒了奇怪的东西，搞得咱家马桶反味儿，妈你去闻闻，特别臭。"妈妈刚走到门口，看到放在一旁的两个瓶子立马明白了是怎么一回事，于是赶紧打开了门窗通风，并给

扬帆上了一堂家务安全课：84消毒液和洁厕灵不能混用，二者混合之后会发生化学反应，产生氯气等有毒气体，很危险。

家务中很多细节都关系到安全问题，家长在平时就要一点一滴地教给孩子有关水、电、煤气等的安全常识，防患于未然。即使有些问题孩子现在还遇不到，也最好让他知道正确的处理方法，一旦发生紧急情况，孩子也能及时地发出警报，将危险系数降到最低。

1. 用电安全

电在给生活带来方便的同时也潜藏着很多危险，家长一定要将以下的常识讲给孩子：

（1）水是可以导电的，为了避免触电，使用电器前必须擦干双手。

（2）人本身也是导体，所以不能用手去触碰通电电器的金属部位，也不要用力拉扯通电的电线和插头。

（3）即使掌握了一定电学知识之后也不能独自一个人私拉乱接电线。

（4）当家里的电器突然冒火星时，不要贸然用手拔插头，更不要直接灭火，而是应该及时将电源断掉。

（5）当家里有人不幸触电时，不能直接用手去拉，这样自己也会发生危险。正确的做法是在第一时间断电，或者用干的木棒等绝缘物体将电线挑开，使触电者远离电线，并立即拨打电话向专业的医疗人员求助。

2. 煤气安全

煤气是一种非常便捷的能源，但是它易燃、易爆，如果不能正确使用极易发生危险。近年来，由煤气引发的安全事故时有发生，对生命和财产安全造成了很大的威胁，必须格外重视。家长要告诉孩子，使用煤气之前应仔细检查煤气灶的开关是否正常，使用之后要及时将总阀门关掉。当闻到煤气泄漏的异味时，应该立即关闭煤气总开关并打开门窗通风，绝不可以在此时打开任何电源开关，避免煤气遇到电火花引发爆炸。

3. 刀具安全

家里的水果刀、菜刀、削皮器等锋利的厨具应该放在孩子触碰不到的地方，家长最好不要让年龄小的孩子做一些需使用到刀具的家务；即使是年龄稍大的孩子最好也要在监护下使用；如果孩子需要独自做饭，家长不妨给他准备一些质量轻、体积小的专用刀具。另外，除了厨房里的刀具之外，使用剪刀也要格外小心：不能随意丢掷或挥舞剪刀；不能拿着剪刀跑跳；传递剪刀给别人时要将把手朝向对方；使用完后要将剪刀收放在固定的地方。

4. 避免烫伤

家长要告诉孩子，不能擅自用手直接触碰热水瓶、开水壶、热粥、热汤锅等物品，避免烫伤。一旦发生烫伤，应立即小心地将被灼热液体浸透的衣服脱掉，并用清洁的冷水冲洗伤口或将伤口浸入清洁的冷水中，尽可能不要擦破水泡或表皮，以免引起细菌感染。在完成紧急处理之后还要在伤口处涂抹烫伤膏，严重的话必须尽快到医院就医。

5. 避免从高处跌落

做家务时难免要爬上爬下，如打扫屋顶、擦玻璃、换灯泡等，如果不小心或操作不当极容易从高处跌落而摔伤。家长最好不要让孩子从事这种危险系数较高的家务劳动，即使孩子主动要求家长也应陪同在侧。无论何时，安全问题都要放在第一位。

第九章

世界各国对
孩子做家务的看法

在美国，无论家境如何，父母几乎都鼓励孩子通过做家务的形式赚取零用钱；在加拿大，很多父母会把家务列成图表，张贴在家中醒目的位置，并监督孩子的家务进展情况……参考他人的经验，取长补短，父母的育儿视野才能越来越宽。

美国中产阶级是如何让孩子做家务的？

在美国，有人在 Facebook 上做过一项针对中产阶级父母的调查：你让孩子做家务吗？怎样奖惩孩子的家务行为？在回复中可以发现，大多数的家长都鼓励孩子做家务。

Jon（社会学教授）：我们规定孩子在家必须完成打扫卫生、倒垃圾等家务。如果他没能完成，那我们就"取走他的特权"，也就是取走他玩手机、玩电脑、获得额外好处的机会。

Leah（图书馆员）：我们同样鼓励孩子做家务，但是到底采取怎样的奖惩措施还是因人而异的，还要看什么方法对你的孩子有用。我们家里的方法是告诉孩子如果他们完成规定的家务就允许做自己想做的事，逛商店、看电影之类的，这样的激励方式在我们家很有效，孩子们都能积极参与，我们做父母的也很开心。

Cherisse（心理学教授）：我们通常会给孩子列好一份家务清单，并规定好时间。如果孩子们不能在规定时间内完成任务，就禁止他们做其他的事情。这样他们为了和朋友出去玩，或者做其他的事，就会尽快地将家务做好。

Fran（建筑师）：当我小的时候，我的妈妈一般采取金钱激励的方式鼓励我们做家务。所以现在我仍旧沿袭这样的方法来对付我的孩子，我会给每一项家务"明码标价"，然后让孩子自主选择自己要做的，质量过关就发"工资"。但是，像整理自己的房间、给自己洗衣服、整理书包之类分内的事情我是不付工资的。

为了避免孩子滋生不劳而获的思想，美国家庭一直把家务劳动看得十分重要，中产阶级的美国家长为了鼓励孩子从小参与并爱上家务劳动一般会采用如下的方法：

1. 列出每周的家务清单

这份清单一般包含三部分，一部分是孩子要完成的，另一部分是布置给家长自己的，还有一部分是供大家协商和选择的。目的是让孩子知道：家务不是某一个人的，家庭成员都有义务承担起自己的责任，同时有选择自己想做的事情的权利。

2. 确定完成任务的期限

给孩子一个时间限定（洗碗、洗盘子等每天都要做的事以小时为单位，大扫除等以周为单位。时间限定要视情况而定，并没有统一的标准），让他自主地安排家务劳动的时间和形式，家长不会在中途去干涉孩子的进展情况。

3. 检查孩子的完成情况

家长会在任务达到期限时检查孩子的工作进展、完成质量等，并根据完成情况采取适当的奖惩措施。如果孩子完成情况较好，家长会向孩子道谢，同时给予一定的特权奖励、物质奖励，让孩子有一种成就感。如果孩子完成情况较差，那就要接受批评或者相应的惩罚。

在日本，有超过 1/3 的孩子每天做家务

日本家庭同样非常注重孩子自理能力的培养，在孩子很小的时候家长就会引导他们做家务。有超过 1/3 的日本孩子每天都会做家务，女孩主要负责熨烫衣物、做蛋糕、洗碗筷等；男孩则从事更换灯泡、洗车、日常维修等工

作。这里有一份 6 ～ 7 岁孩子的《家务能力表》：

初级：在家长晒、收衣服的时候帮忙拿衣服、叠衣服；饭前摆放碗筷、饭后收拾碗筷；整理和摆放家人的鞋子；礼貌地接听电话；独立及时地取报纸、信件等。

中级：能独立在家附近的超市购买不需要找零的物品；分门别类地倾倒垃圾；能清洗自己的小件物品，袜子、手帕等；能把地面扫干净；能将碗筷清洗干净等。

高级：能独立在家附近的超市购买一两件物品；能做擦鞋等为家人服务的工作；能整理好洗净、晒干的衣服；有电话和访客时应对自如，并且会向家长转达、留言等。

在日本有一种全民家务热潮，特别是女性，甚至有些女孩将做一名家庭主妇视为成年之后的梦想。由于文化的差异，我们很可能对这样的梦想理解有限。一个从小梦想着做家庭主妇的女孩长大后会过着怎样的生活呢？料理家人的一日三餐；接送孩子上学；偶尔忙里偷闲和朋友们喝一个下午茶……就是有这样梦想着做家庭主妇的女孩，现在靠着自己独创的"整理魔法"火遍全球，她就是近藤麻理惠，一个能把杂物变成家中风景的日本整理女王。

近藤从幼儿园开始就萌生了对家务的浓厚兴趣，她热爱打扫、整理、烹饪和裁缝等家务；小学的时候参加了"新娘课程"，并享受其中的乐趣；中学时期对整理技巧产生了浓厚的兴趣，希望找到一种"任何人都可以做到的，只要整理一次就不会再变乱的整理方法"；大学时便开始了自己的整理咨询业务；随后出版了《怦然心动的整理魔法》；2015 年近藤被美国《TIME》杂志评选为"世界最有影响力的 100 人"；如今的近藤，事业如火如荼，开启了"整理世界"的征程。

像近藤这样的女性在日本还有很多，她们热衷于做家务，并能在做家务的过程中发现问题、解决问题，把自己的思考成果整理成书籍，帮助到更多的人。在我们看来，一个能够积极帮助父母做家务的孩子一定是孝顺、懂事的；不过在日本家长看来，做家务是每个人最底线的生存能力，是孩子应该承担的义务，并不是什么稀罕事。

加拿大家长通过张贴家务表的方式督促孩子做家务

几乎每个加拿大孩子都会有下面这样的家务清单：

Eric's Weekly Chore List（埃里克的家务清单）							
Date（日期）	Sun	Mon	Tue	Wed	Thu	Fri	Sat
Make Bed（铺床）							
Clean Room（打扫卧室）							
Feed Pet（饲养宠物）							
Wash Dishes（洗盘子）							
Take Dog Out for A Walk（遛狗）							
Mow the Lawn（割草）							

加拿大的父母同样注重培养孩子的独立性，几个月的孩子就能独自喝

奶；1岁多的孩子基本上都是自己吃饭；2～3岁的孩子就开始动手做家务。父母会把家务列成图表，张贴在家中醒目的位置，并监督孩子的家务进展情况。如果孩子拒绝做家务，父母很可能会采取强硬的态度，"罢工"就是其中比较常见的一种。我们来看一位妈妈和女儿斗智斗勇的故事：

　　盖勒夫妇一家住在加拿大南部城市卡尔加里。父亲大卫·盖勒是一名律师，母亲杰西卡·盖勒是一名社会工作者，工作之余承担了大量家务劳动，他们有3个上中学的女儿。一天，杰西卡意识到3个女儿最近在做家务时经常偷懒，于是决定给她们一点儿教训。

　　杰西卡宣告"罢工"，想看看女儿们究竟什么时候才能自己动手做家务。"罢工"开始，家中一片狼藉：比萨粘在桌子上没人清理；厨房中堆满了油腻腻的盘子；脏衣服和脏袜子扔得到处都是。女儿们在一天之内跟杰西卡说了17次"厨房脏得让人讨厌"，可杰西卡却什么都不做。两天过后，大女儿忍无可忍，开始和杰西卡争吵，抱怨妈妈没有为她们做任何事。但这一回杰西卡却毫不生气，还故意摆出一副同情的神态说："乖女儿，我很忙的。"然后就自顾地离开了。终于在"罢工"6天后，3个女儿集体缴械投降，在杰西卡的指挥下将凌乱的家收拾整洁。大获全胜的杰西卡说："我担心我们正在培育一代总是问'你能为我做了什么'的年轻人。我希望培养出勤劳、快乐并且懂得感恩的人。"杰西卡的女儿们也从这次"罢工"中获得了成长，她们说："这几天，我们更加理解了妈妈平时的辛苦，以后应时刻心怀感激。"

　　来自温哥华的一位育儿专家凯西·林恩表示，孩子独立性的培养并不是一件困难的事，这只是家长退后一步，给孩子一个机会的问题。就像杰西卡一样，"罢工"就是退后一步，这样孩子才有机会在生活能力上更进一步。

荷兰的学校很重视对孩子动手能力的培养 ✦

荷兰的学校很重视孩子动手能力的培养，会开设各式各样的动手课程。

1. 儿童烹饪课

荷兰的学校里开设有专门的儿童烹饪课程，教孩子烤蛋糕、做比萨、烤三明治、做柠檬水等，并鼓励孩子将自己制作的食品带回家和家人一起分享。在开始烹饪课之前，老师首先会向孩子们讲解每一种食品的起源、历史以及背后蕴含的文化。了解这些之后，就开始针对食材的选择、烹饪步骤进行讲解和示范。在这个过程中，老师会观察孩子的反应、态度，并综合最后的成品给予相应的评价。

2. 儿童家政课

有一部分学校还会开设儿童家政课，会教孩子如何熨烫衣服、缝制衣服、擦皮鞋等。这类课程可不是女孩的专利，男孩也同样要学习、参与。这也就不奇怪为什么很多荷兰男孩长大之后都很懂得照顾自己，衣服没有一丝一毫的褶皱，皮鞋也总是光亮如新了。

3. 儿童木工营

荷兰的儿童木工营大多开设在暑期，孩子在进入木工营后会被分配成许多小组，每一个小组的伙伴要共同协商、合作，在 5 天内设计并搭建完成一套房屋。虽然搭建房屋选择的材料大多是废弃木料，但在孩子天马行空的想象力之下，这些废料又一次恢复生机，变成一幢幢或雄伟，或瑰丽，或素雅的建筑，让人大开眼界。这就像我们的孩子玩乐高积木一样，只不过这个过程更加真实，所以孩子的兴致也更高，效果自然也会更好。

4. 各种博物馆

除了学校之外，荷兰还有很多不同功能的博物馆也承担着培养和锻炼孩子动手能力的重任：在恐龙博物馆，孩子可以动手砸开"恐龙蛋"、寻找

"小恐龙"，去破解生命的奥秘；在帆船博物馆，孩子可以在模拟的水利工程中打开、关闭闸门，了解水利设施的工作原理；在音乐博物馆，孩子们可以制作音乐卡片，感受音律之美。

"动手"在荷兰社会可谓是无处不在，家庭、学校乃至整个社会都为孩子的动手能力提供了土壤。孩子在其中听、看、做，以身体之，以心验之，然后把知识内化成能力，把能力固化为习惯，将习惯带入到生活的方方面面。

西班牙国会通过法律草案：孩子不做家务将违法

曾经，西班牙的青少年贪吃、贪玩、不做家务的现象也十分普遍，许多家长都无计可施。为此，西班牙国会于 2014 年 4 月 29 日通过一项名为《青少年家务劳动法》的提案，希望借助法律的力量来约束孩子的行为，让孩子承担起做家务、服务家庭的责任。

草案出台后，在西班牙社会各界引起了强烈反响。很多人为政府的举措拍手叫好，其中一位叫米格尔的马德里市民表示："我对政府通过立法来规定孩子做家务这件事很满意，这是一个十分明智的举措。我有 3 个孩子，当他们小的时候，我和妻子曾试图让他们学习如何做家务，给家长分忧并学着照顾自己。但很遗憾，由于种种原因最终都没能坚持下来，现在孩子长大了，再想教他们做家务就更难了。希望这项草案能够帮助到和我有同样想法的人，从法律和道德的角度对孩子进行适当的监督和约束，帮他们从小养成爱做家务的好习惯。"

在大部分人表示赞同的同时，也有一部分人表达出了对这部法律能否顺利实施的担忧。这些人认为：这部草案仅仅提出了对孩子的要求，但是做什么家务、做多少家务并没有一个明确的量化。另外，孩子要是不听从父母的安排怎么办？有没有相应的惩罚措施？这些法律都没有明确的规定。针对这些疑问，参与草案制定的议员们表示：让孩子做家务还是要先以引导和教育为主，后续的内容会根据法律实施之后的情况做出相应的调整和修改。

法律的落实和完善需要漫长的过程，我们姑且不谈这个过程的艰难，但从立法层面规范孩子的家务行为能够看出西班牙政府已经意识到家务劳动对青少年成长、成才的必要性，以及为改变青少年贪吃、贪玩、不做家务的现象所做出的努力。

我国教育部首次将做家务纳入中小学生作业

我国教育部于 2015 年 8 月联合共青团中央、全国少工委发布了《关于加强中小学劳动教育的意见》（以下简称《意见》）。《意见》要求：用 3 ～ 5 年时间推动建立课程完善、资源丰富、模式多样、机制健全的劳动教育体系，形成普遍重视劳动教育的氛围。

《意见》明确了劳动教育的实施途径，一方面鼓励学校开展家政、烹饪、园艺、手工等课程，建议学校给孩子安排一些诸如清洗碗筷、洗衣服、扫地等劳动方面的家庭作业。另一方面也希望得到家长的配合，让孩子从力所能及的家务做起，进而承担家庭劳动和社会劳动。除此之外，《意见》还要求各级教育督导部门做好监督工作，建立和完善学生劳动评价制度，并将评价结果记入学生综合素质评价档案，作为升学、评优的一项参考依据。

劳动教育的目的不单是培养孩子的劳动技能，更是一门综合素质的培养。

中国教育科学研究院的研究员储老师表示：家务劳动是很好的抓手。家务劳动中不仅包含劳动过程本身，还涉及学生怎么处理好自己与父母的关系、怎么承担家庭的义务等方方面面。家务劳动是综合性的教育，对孩子的成长有很大的好处。虽然我国的劳动教育还在摸索和试行阶段，但《意见》的发布已经向家长和孩子敲响了警钟：不会做家务的孩子，以后很可能完不成作业！